# 집 없는 김대리에게
# 인서울 기회가 왔다

대출규제·금리인상 끄떡없는 내 집 마련의 기술

# 집 없는 김대리에게 인서울 기회가 왔다

정석우 지음

매일경제신문사

# 두 가지 안타까운 질문

큰 위험을 무릅쓰지 않고서는 넘을 수 없는 '넘사벽'을 만났다면 때를 기다려야 합니다. 반면 그 벽이 안전하게 뛰어넘을 수 있는 벽이라면 누군가 사다리를 걷어찼다고 하더라도 기필코 벽을 뛰어넘어야 합니다. 저 벽 너머 '내 집 마련'이라는 종착지가 있기 때문입니다. 이 책은 무주택 실수요자들이 뛰어넘을 수 있는 벽과 그렇지 않은 벽을 분간하는 역량을 스스로 함양할 수 있는 지침서로 기획되었습니다. 이 책의 통독은 용기와 만용을 나누되 응당 떨어야 할 두려움에서 그럴 이유가 없는 불필요한 공포를 발라내는 여정입니다.

통계청 '2017년 기준 주택소유통계'에 따르면 4,994만 3,000명의 한국인이 1,967만 4,000개의 가정을 꾸리고 있습니다. 이 중 44.1%인 878만 4,000가구가 무주택자이고 나머지 55.9%인 1,100만 가구가 내 집을 갖고 있습니다. 798만 9,000가구(40.6%)는 한 채의 집을 갖고 있으며 301만 1,000가구(15.3%)는 다주택자라고 합니다.

이 책은 10가구 중 4가구꼴인 무주택 가정을 위한 내 집 마련 지침서입니다. 빚을 내지 않고서는 집을 살 수 없는 분들이 많으니 이 책은 '빚내서 집 사기' 지침서일 수밖에 없습니다.

집을 살 생각이 없는 분들에게 집을 사라고 말하지 않습니다. 어느 아파트 가격이 더 오를지에 대해서도 이 책은 알려주지 않으며 그 것을 일러줄 능력도 저는 갖고 있지 않습니다. 무리하게 갚을 수 없는 빚을 내서 집을 사라고 하지도 않습니다. 갚을 수 없는 빚은 가정을 파괴하는 나쁜 빚입니다. 하지만 갚을 수 있는 빚으로 살고 싶은 집을 사고 싶은데 주저하는 것 역시 안타까운 일입니다. 얼마나 빌릴 수 있는지, 바꾸어 말하면 살 수 있는 집의 한계와 가능성이 어디까지인지 스스로 진단하는 방법을 공유하는 게 이 책의 목적입니다.

2017년 6·19 대책과 8·2 대책, 2018년 9·13 대책 등 각종 부동산·금융 규제 대책으로 내 집 마련을 포기해야 할 것처럼 오해하는 무주택 실수요자들에게 이 책은 '그렇지 않다'고 단언합니다. 서울특별시와 세종특별자치시, 경기도 과천시 등 일부 지역에서 집값 대비 대출한도LTV가 70%에서 40%로 줄어든 것을 제외하면 나머지 규제는 갚을 수 있는 빚을 보장하는 안전장치일 뿐 실수요자들의 내 집 마련에 어떠한 악영향을 끼치지 않습니다.

기왕에 한 채의 집을 갖고 있는 상태에서 통근이 편리하거나 넓은 집으로 갈아타려는 1주택 실수요자들에게도 마찬가지입니다. 이 책의 서두에서 본격적으로 다룰 이야기이지만, 서울 등 강한 규제지역에서도 일정한 소득이나 집값 요건을 만족하면 집값의 70%만큼 주택담보대출을 받을 수 있습니다. 현실의 가능성은 늘 머릿속의 한계를 넘어서는 법입니다.

같은 문제의식에 따라 2017년 11월《35세, 1억으로 내 아파트 갖기》(매일경제신문사)를 출간했지만, 이후 정부의 의도와 달리 집값이 폭등하고 각종 소득심사제도가 일부 개편됐습니다. 예시한 집값, 대출상환 시나리오 사례가 현실과 멀어진 점을 바로잡고 1년간의 독자 피드백을 토대로 실수요자들에게 실질적으로 필요한 대목 위주로 책을 다시 정리했습니다. 보금자리론이나 디딤돌대출을 활용해 서울 같은 강한 규제지역에서도 집값의 70%까지 주택담보대출을 받을 수 있다는 점을 지난 책에서 미처 다루지 못했는데 이 내용을 집중적으로 다루는 게 이번 책의 백미입니다.

LTV를 40%에서 60~70%로 높일 수 있는 보금자리론의 소득 요건이 2018년 중 크게 완화되는 등 실수요자의 인서울 기회가 다시 찾아왔다고 해도 과언이 아닙니다. 2018년 9·13 대책의 후속대책 격인 12·7 청약대책으로 신혼부부를 필두로 한 생애최초주택 구입자의 청약문호가 확 늘어났다는 점도 강조하지 않을 수 없습니다. 전날인 12월 6일 국회 합의로 실수요 목적 1주택 보유자에 대한 종합부동산세 부담도 줄었습니다. 종합부동산세는 부부 공동명의 기준 집값이 15억~16억 원을 넘어서야 납부 대상이 됩니다. 향후 집값이 이 규모로 오르더라도 실수요 목적 1주택자가 집을 오랫동안 보유하면 세금이 전반까지 줄어들게 된다는 얘기입니다.

최근 미국을 따라 한국도 연일 금리를 올린다고 하지만 실수요자용 정책모기지인 보금자리론의 2019년 1월 금리가 전달보다 0.15% 포인트 인하(2018년 12월 21일 발표)되는 등 혜택이 늘어나고 있습니다. 서울에서도 집값의 최대 70%를 빌릴 수 있고 대출 실행 때 약속한 금리가 30년 내내 유지되는 보금자리론 금리는 정부 재정으로 금리인상 위험을 제거하기 때문에 안전합니다.

이 책의 일부 내용은 《35세, 1억으로 내 아파트 갖기》 내용을 토대로 재작성되었음을 밝혀둡니다. 지난 책에서 생활인으로서 부동산·금융 제도의 실상을 이해하고 보금자리 마련에 적용하는 것과 시민사회 일원으로서 정책 결정에 대해 환영하고 분노하는 것은 구분돼야 한다고 강조했습니다. 하지만 설명이 충분하지 않았기에 이 자리를 빌려 보충합니다. 무주택 실수요자들이 흔히 얘기하는 두 가지 안타까운 질문이 내 집 마련 결정을 앞두고 적절한지 말씀드리는 것으로 보충설명을 갈음하겠습니다.

## 언제, 어딜 사야 오를까?

2014년 기준금리 인하로 부동산 열풍이 불고 2017~2018년 정권 교체기를 전후해 집값이 폭등하면서 부동산시장은 주식시장을 방불

케 합니다.《35세, 1억으로 내 아파트 갖기》출간 이래 필자에게 쏟아진 질문 대부분이 '언제, 어딜 사야 오를까?'였던 것이 이해하지 못할 일은 아니지만 참으로 안타까운 일입니다. 각종 부동산 투자서적이나 소셜네트워크서비스SNS 포스팅을 섭렵해도 답은 나오지 않습니다. 미디어에 나오는 부동산 전망의 상당수는 실수요자의 내 집 마련 여부를 판단하는 데 도움을 줄 목적이 아니라 이미 한 채의 집을 갖고 있으면서 투자 목적으로 두 번째 이후 '물건'을 알아보는 이들을 위한 전략적 조언입니다. 지금 이 책을 읽고 있을 독자들 대부분에게는 해당되지 않는 얘기입니다. 실수요자의 내 집 마련을 위해 자문해 봐야 할 질문은 오로지 다음의 세 가지입니다.

① 내가 빌릴 수 있는 빚으로 살 수 있는 집값의 한계는 얼마인가?
② 나는 그 빚을 갚을 수 있는가?
③ 살 수 있는 집값 범위 내의 집을 구입해 사는 게 월세·전세 거주보다 비용 부담, 만족도 면에서 행복하다고 느끼는가?

이 책은 ①, ②번 질문에 스스로 대답하는 방법을 알려주는 책입니다. ③번 질문에 '예'라고 대답할지는 독자들의 몫입니다. ③번 질문을 통과했다면 지겨운 그 질문에 대한 대답은 이렇습니다. 언제? "오늘." 어디를? "사고 싶은 집 중 갚을 수 있는 빚을 빌려 살 수 있는 범위의 집을."

## 규제가 잇따르는데 집값이 떨어지지는 않을까?

거품은 집값에만 끼는 게 아닙니다. 두려워해야 할 지점과 그렇지 않은 지점을 분명하게 구분하지 못하는 무분별한 공포 역시 보금자리 마련을 주저하게 만드는 거품입니다.

박근혜 정부 후반부터 문재인 정부 초기까지 연거푸 발표된 각종 부동산 규제 대책은 투기꾼이나 투자자, 다주택자뿐 아니라 무주택 실수요자들에게도 공포심을 불러일으키기에 충분합니다. 안타까운 사실은 공포심이 주로 무주택 실수요자들을 덮치고 있다는 점입니다. 규제의 칼날이 정확히 겨누고 있는 방향을 사본 사람들은 대체로 정확히 이해하고 있는 반면, 사보지 않은 사람들은 모르기 때문입니다. 무지는 두려움을 증폭시킵니다. 거품이 잔뜩 낀 공포가 낳은 가장 큰 오해는 '규제는 집값을 떨어뜨린다'입니다. 15억 이상 고액 아파트 보유자에 대한 보유세(종합부동산세) 강화를 예고한 2018년 9·13 대책 이후 서울 강남권 집값에서 나타난 변화에서 볼 수 있듯 규제가 집값 상승세를 둔화시킬 수는 있습니다. 하지만 규제가 그 자체로 향후 집값의 상승세나 하락세로 이어지진 않습니다.

정부가 서울특별시와 세종특별자치시 같은 일부 지역을 '투기지역', 경기도 과천시·성남시 분당구 등을 '투기과열지구', 경기도 안양시 동안구, 동탄2신도시 등을 '조정대상지역'으로 지정했다는 표면적인 행위가 담고 있는 사실은 따로 있습니다.

바로 '집값 대비 대출한도를 낮추는 등 극약 처방을 하지 않으면 이 지역 집값이 천정부지로 치솟을 것'이라고 정부가 관계 부처, 지방 자치단체, 전문가 협의를 거쳐 확인했다는 사실입니다. 공급이 부족 한 반면 수요가 몰려 시장 원리대로 놔두면 집값이 폭등할 테니 대 출 규제(LTV 강화)나 거래 규제(분양권 등 전매제한)로 수요를 줄이면 집 값 상승세가 다소 진정되지 않겠느냐는 게 정부 규제의 핵심입니다. 부동산 거래 경험이 풍부한 분들은 정부가 특정 지역을 규제지역으 로 선정하기가 무섭게 규제지역 부동산을 사들이기도 합니다.

인구구조 변화로 20~30년 뒤에 집값 상승세가 일정 부분 꺾일 수 있습니다. 설령 그렇다고 해도 물가상승률을 반영하면 명목상의 집 값이 같은 기간 동안 떨어질 것이라고 말하기도 어렵습니다. 정부의 부동산 대책 때문에 특정 지역 집값에 놀랄 만한 변화가 오기를 기대 하며 결정을 주저하는 것과 무관하게 시계추는 움직입니다. 미성년 자녀, 배우자와 함께 살면서 인생의 본론을 쓰는 시기는 그렇게 길지 않습니다. 집을 살지 말지를 둘러싼 무주택 실수요자의 결정은 전적 으로 주거 형태에 대한 가족의 선호와 판단에 달린 문제입니다. '정 부 규제로 내년이나 내후년쯤 집값이 바닥을 찍으면 그때 가서 집을 사야지' 같은 생각은 투기꾼들에게 양보하길 추천합니다.

모자란 경험과 지식에 따른 두려움을 극복하고 2년 동안 연거푸 책 을 쓸 수 있는 용기를 갖게 된 것은 많은 분의 응원과 가르침 덕입니다.

먼저 2012년부터 2018년까지 기획재정부와 금융위원회, 금융감독원을 거쳐 다시 기획재정부를 출입하기까지 금융제도와 세제 등 다방면에서 지식과 지혜를 나눠 주신 당국자와 금융인들께 감사드립니다. 특히 6·19 대책, 8·2 대책, 9·13 대책 등 최근 역사적인 부동산 대책 입안·집행 경험을 토대로 진심 어린 조언을 아끼지 않아준 금융위원회 금융정책과 김성진 총괄서기관님과 윤덕기 사무관님께 심심한 감사의 말씀을 전하지 않을 수 없습니다. 소현수 주택금융공사 차장님은 이 책의 근간을 이루는 정책모기지와 주택연금 적용 사례의 디테일을 바로잡아 주셨습니다.

이 책은 부동산 투자 지침서가 아닙니다. 하지만 홍춘욱 키움증권 투자전략팀장님 등 경제·투자 분야 전문가와 김경기(MBN), 김동현(《서울신문》) 등 언론계 선배들이 부동산시장에 대한 최소한의 식견을 갖고 이 책을 쓸 수 있게 도와준 점을 빼놓을 수 없습니다.

10년간 다섯 차례 이사로 이어진 '빚내서 집 사기'의 여정과 금융 분야 취재 경험을 생활 지침서로 출간할 용기를 낸 이유입니다. 매경출판의 전호림 대표님과 권병규 차장님은 부족한 필력의 저자에게 거듭된 출간을 허락해주시는 배려를 아끼지 않았습니다.

이 모든 과정을 응원해준 〈매일경제신문〉 선후배들, 아내와 두 아이에게 진 빚은 갚을 수 없는 빚입니다.

정석우

Contents

## PART 1  한계는 곧 가능성

# PART 4 빚내서 집 사기 최종 팩트 체크

# 한계는 곧 가능성

"승자는 눈을 밟아 길을 만들지만, 패자는 눈이 녹기를 기다린다."

– 《탈무드》

# 복덕방 가기 전에
# 반드시 체크해야 할 LTV

소득수준이 낮고 보유자산도 미미하다면 집을 살 수 없습니다. 갚을 수 없기 때문에 빌릴 수 없으며 설령 누군가 빌려주더라도 빌려선 안 됩니다. 꾸준히 소득을 늘리고 저축을 통해 자산을 늘려야 합니다.

소득수준도 높고 보유자산도 충분히 넉넉하다면 주택담보대출을 받지 않아도 집을 사는 데 문제가 없습니다. 문제는 갚을 수 있는 경우입니다. 갚을 수 있으면 빌려도 됩니다. 갚을 수 없는 빚은 나쁜 빚이지만 갚을 수 있는 빚은 나쁜 빚이 아니며, 무주택 실수요자가 내집 마련을 위해 내는 빚은 좋은 빚입니다. 하지만 갚을 수 있는 빚을 빌릴 수 없는 경우가 최근 대한민국에서 늘어나고 있습니다.

세계 최고 수준을 자랑하는 담보인정비율LTV: Loan to Value 때문입니다. '주택담보대출비율'로도 번역되는 LTV는 집값 대비 주택담보대출한도를 뜻합니다. 바꾸어 말하면 들고 있는 자산으로 살 수 있는 아파트 가격의 한계와 가능성을 가늠할 수 있는 지표이기도 합니다.

6·19 대책과 8·2 대책이라는 2017년 두 개의 강력한 부동산 대책으로 한국의 LTV는 크게 강화됐습니다. 그만큼 한계가 뚜렷해지고 가능성이 팍팍해졌습니다.

두 대책 이전에는 집값의 70%까지 빌릴 수 있었는데 두 대책 이후에는 집값의 40% 이하로 주택담보대출이 제한된다고 합니다. 1억 5,000만 원을 들고 5억 원짜리 집을 살 수 있었는데 이제는 5억 원짜리 집을 사려면 3억 원을 갖고 있어야 한다고 합니다.

두 대책은 소득이 없거나 소득수준이 낮은 이들이 무리하게 내는 '나쁜 빚'을 차단하는 효과를 달성한 반면, 월급으로 월 원리금상환액을 상환하는 데 전혀 문제가 없는 '좋은 빚' 역시 덩달아 제한됐습니다. (두 대책으로 총부채상환비율DTI: Debt to Income, 즉 연소득 대비 연간 원리금상환액 비율 같은 소득심사지표 역시 강화됐지만, 이는 가능하면 많은 빚을 갚을 수 없는 나쁜 빚이 아니라 갚을 수 있는 좋은 빚으로 만드는 주택구입예정자 전반을 위한 안전장치입니다.)

LTV를 최대화하고 DTI는 최소화해야 합니다. LTV는 여러분의 대출건전성을 걱정하는 지표가 아니라 은행의 건전성을 걱정하는 규제이기 때문입니다. LTV가 70%라는 얘기는 집값 하락폭이 향후

30%를 넘어서지만 않으면 여러분이 원리금을 오랫동안 갚지 않더라도 은행이 손해를 보지 않는다는 뜻입니다. LTV 40% 상황에서 은행이 손해를 보려면 집값 하락폭이 60%를 넘어야 합니다. 빚내서 집 사는 우리를 걱정해주는 지표는 DTI뿐입니다. LTV는 극복의 대상이고 DTI는 존명의 대상입니다.

모든 일에는 시작이 있고, 단추는 첫 단추부터 꿰어야 합니다. 빚내서 집 사기의 시작은 LTV이고 그 끝도 대개는 LTV입니다. 따라서 이 책을 관통하는 핵심 키워드 역시 LTV입니다. LTV를 이해할 생각이 없다면 이 책을 읽을 수 없고 대한민국에서 빚내서 집 사기를 할 수 없습니다. 앞으로 정부가 어떤 규제를 내놓더라도 이해할 방법이 없습니다.

가령 LTV가 70%라는 얘기는 5억 원짜리 아파트를 사면서 은행에서 받는 주택담보대출이 3억 5,000만 원까지 가능하다는 뜻입니다. 보유현금과 전세보증금, 주택담보대출이 아닌 다른 대출(신용대출 등)을 합쳐 1억 5,000만 원을 갖고 있으면 3억 5,000만 원을 빌려 5억 원짜리 아파트를 살 수 있다는 뜻이기도 합니다. LTV는 구입 주택 소재 지역과 주택 구입자 소득수준, 구입 주택 가격 등에 따라 40%, 50%, 60%, 70% 등으로 달라집니다.

LTV가 40%인 지역에서 6억 원짜리 아파트를 구입하면 주택담보대출한도는 2억 4,000만 원입니다. 주택담보대출을 제외하고 3억 6,000만 원을 갖고 있어야 이 아파트를 살 수 있습니다. 물론 DTI라

**5억 원 아파트 구입 때 주택담보대출 최대치 시나리오**

| 구분 | 주택담보대출 최대치 | 기타 필요금액<br>(보유현금, 전·월세 보증금, 신용대출 등) |
|---|---|---|
| LTV 70% | 3억 5,000만 원 | 1억 5,000만 원(집값의 30%) |
| LTV 60% | 3억 원 | 2억 원(집값의 40%) |
| LTV 50% | 2억 5,000만 원 | 2억 5,000만 원(집값의 50%) |
| LTV 40% | 2억 원 | 3억 원(집값의 60%) |

는 소득심사지표를 만족한다는 전제하의 얘기입니다.

시세에 일정 비율을 곱하면 주택담보대출한도가 나옵니다. 간단하죠? 하지만 시세를 토대로 주택담보대출한도를 추산하는 방식은 내 집 마련 실전에 맞지 않습니다. 여러분이 얼마짜리 집을 살지는 확실하지 않기 때문입니다. 가장 확실한 것은 여러분이 얼마의 돈을 갖고 있느냐입니다. 미래는 바뀌지만 오늘의 현실은 적어도 오늘은 그대로라는 것입니다.

실전에서 필요한 것은 갖고 있는 돈을 토대로 얼마짜리 집을 살 수 있는지 이해하는 것입니다. 이를 위해서는 곱셈의 순서를 바꿔야 합니다.

무주택 실수요자인 여러분이 갖고 있는 돈은 정해져 있습니다. 예컨대 1,000만 원의 청약저축과 1억 4,000만 원의 보증금(보증금 2억 원에서 전세자금대출 6,000만 원을 뺀 금액)을 갖고 있는 무주택자에게 가용자산은 1억 5,000만 원입니다. (6,000만 원의 전세자금대출은 구입

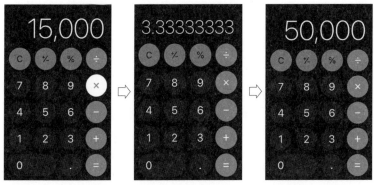

15,000(1억 5,000만 원)에 '곱하기'를 누른 후 3.33333333… 식으로 반복되는 소수점을 최대한 많이 누르고 계산하기('=')를 누르면 50,000(5억 원)이 나옵니다.

주택 입주와 동시에 상환하게 됩니다.)

　1억 5,000만 원의 가용자산으로 구입할 수 있는 집값 한도는 간단한 곱셈으로 계산할 수 있습니다. LTV 70% 시나리오의 경우 3.33…, LTV 60%는 2.5, LTV 50%는 2, LTV 40%는 1.66…을 곱하면 됩니다. 70%의 LTV를 적용하면 집값 한도는 5억 원(1억 5,000만 원×3.33…)입니다. 3.33…은 소수점에서 3이 무한반복되는 무한소수입니다.

　집값(100%)에서 주택담보대출(70%)을 제외한 부분(가용자산)은 집값의 30%입니다. 보유자산(30%)에 3.33…을 곱해야 집값(100%)이 나옵니다. LTV 60% 상황에선 보유자산(40%)에 2.5를, LTV 50% 상황에선 보유자산(50%)에 2를, 40% 상황에선 보유자산(60%)에 1.66…을 곱하면 각각 살 수 있는 집값의 한계가 계산됩니다.

LTV 60% 상황에선 집값 한도는 3억 7,500만 원, 50%는 정확히 2배인 3억 원이 됩니다. 40% LTV의 경우 구입할 수 있는 집값 한도

**보유자산 규모별로 구입할 수 있는 집값 한도 계산**

| 구분 | 보유자산<br>(보유현금, 전·월세<br>보증금, 신용대출 등) | | 집값 한도<br>(빈칸은 직접<br>계산해보세요) | 주택담보대출 금액[1]<br>(빈칸은 직접<br>계산해보세요) |
|---|---|---|---|---|
| LTV 70% | 5,000만 원 | ×3.33… = | 1억 6,666만 원 | 1억 1,666만 원 |
| | 1억 원 | | 3억 3,333만 원 | |
| | 1억 5,000만 원 | | 5억 원 | 3억 5,000만 원 |
| | 2억 원 | | 6억 6,666만 원 | |
| LTV 60% | 1억 원 | ×2.5 = | 2억 5,000만 원 | |
| | 1억 5,000만 원 | | 3억 7,500만 원 | 2억 2,500만 원 |
| | 2억 원 | | | |
| | 3억 원 | | 7억 5,000만 원 | |
| LTV 50% | 1억 5,000만 원 | ×2 = | 3억 원 | 1억 5,000만 원 |
| | 2억 원 | | 4억 원 | 2억 원 |
| | 2억 5,000만 원 | | 5억 원 | |
| | 3억 원 | | 6억 원 | |
| LTV 40% | 1억 5,000만 원 | ×1.66… = | | |
| | 2억 원 | | 3억 3,333만 원 | |
| | 3억 원 | | 5억 원 | 2억 원 |
| | 4억 원 | | 6억 6,666만 원 | 2억 6,666만 원 |
| | 5억 원 | | 8억 3,333만 원 | |
| | 6억 원 | | 10억 원 | 4억 원 |

[1] 사후적으로 집값 한도에서 LTV 비율을 곱하면 주택담보대출 금액이 나올 수밖에 없고, 또 나와야 합니다. 실제 주택담보대출은 만 원 단위가 아니라 십만 원 단위나 백만 원 단위로 내림해서 나옵니다.

가 2억 5,000원으로 계산됩니다. 계산된 집값 한도에서 가용자산을 빼면 주택담보대출한도가 나옵니다. LTV 70% 시나리오에서 계산된 집값 한도는 5억 원이고 보유자산은 1억 5,000만 원입니다. 이는 3억 5,000만 원의 주택담보대출을 받는다는 전제가 깔린 셈입니다. 3억 5,000만 원은 물론 집값 한도(5억 원)에서 LTV 비율(70%)을 곱한 금액과 동일합니다.

다음으로 지역이나 주택 구입예정자의 상황별로 40%, 50%, 60%, 70% 중 어떤 LTV 비율이 적용되는지 알아보겠습니다.

원금상환 여부나 금융기관 유형(은행, 보험사, 저축은행 등)에 따라 50~85%로 차등 적용돼온 LTV는 2014년 8월 1일부터 70%로 일원화됐습니다. 하지만 2017년 6·19 대책과 8·2 대책을 거치면서 무주택 실수요자(1주택자로 새로운 집을 사서 이사 가는 경우 포함) 기준 40%, 50%, 60%, 70% 등 네 가지로 다시 쪼개졌습니다. 8·2 대책 이전까지의 각종 규제의 연혁은 나중에 살펴보기로 하고 대책 이후 실제 적용되는 기준으로 LTV 적용비율을 알아보겠습니다.

먼저 LTV는 지역별로 다릅니다. 규제지역은 투기지역과 투기과열지구, 조정대상지역 등 세 가지이고, 나머지 지역은 비非규제지역으로 통칭합니다. 무주택 실수요자 입장에서 투기지역과 투기과열지구의 기본 LTV는 동일하게 40%입니다.

이 책에서는 투기지역과 투기과열지구를 구분하지 않고 모두 '강한 규제지역'으로 통칭합니다. 조정대상지역에는 60%의 LTV가 적용

**강한 규제지역, 약한 규제지역, 비규제지역 기본 LTV 해당 지역 사례**

| 구분 | 기본 LTV | 해당 지역 |
|---|---|---|
| 강한 규제지역<br>(투기지역,<br>투기과열지구) | LTV 40%<br>(집값 한도=<br>보유자산×1.66…) | 서울: 전역(25개구)<br>세종특별자치시: 행정중심복합도시지역[1]<br>경기도: 과천시, 성남시(분당구 한정), 광명시, 하남시<br>대구광역시: 수성구 |
| 약한 규제지역<br>(조정대상지역) | LTV 60%<br>(집값 한도=<br>보유자산×2.5) | 경기도: 고양시, 동탄2신도시(화성시 일부), 남양주시,<br>성남시(분당구 제외), 구리시, 안양시(동안구 한정),<br>광교택지개발지구[2]<br>부산광역시: 해운대구, 연제구, 수영구, 동래구, 남구,<br>부산진구, 기장군(일광면 한정) |
| 비규제지역 | LTV 70%<br>(집값 한도=<br>보유자산×3.33…) | 경기도 김포시, 파주시, 시흥시, 안산시, 군포시 등인<br>천광역시, 대전광역시 등 기타 비규제지역 |

1 조치원읍, 연기면, 연동면, 부강면, 금남면, 장군면, 연서면, 전의면, 전동면, 소정면 등 기타 지역은 비규
제지역으로 분류되고 LTV 70% 적용. 도담동, 어진동, 한솔동 등 행정중심복합도시 건설예정지역만 규
제지역(투기지역)으로 분류돼 LTV 40% 적용.
2 수원시 영통구 이의동, 원천동, 한동 및 용인시 수지구 상현동, 기흥구 영덕동.

됩니다. 비규제지역의 LTV는 70%입니다.

앞서 한 설명이나 표에서 그냥 'LTV'라고 하지 않고 '기본 LTV'라는 표현을 쓴 이유는 집값과 주택 구입자의 소득수준 등에 따라 서울 등 강한 규제지역에서도 LTV가 약한 규제지역의 50%나 경우에 따라서는 비규제지역과 동일한 70%가 되는 다양한 예외 사례가 존재하기 때문입니다. 강도 높은 LTV 규제로 무주택 실수요자에게는 기본 LTV보다 예외 적용 가능성을 이해하는 게 필수가 된 것이 사실입니다. 지금부터 지역이나 소득·집값 수준별로 얼마짜리 집까지 구입할 수 있는지 본격적으로 살펴보겠습니다.

## 투기지역과 투기과열지구, 조정대상지역

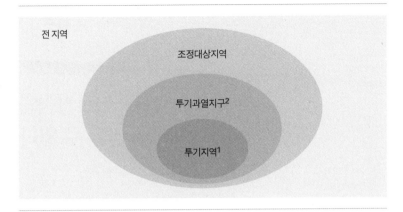

\* 투기지역은 엄밀히 말하면 '투기지역이자 투기과열지구인 조정대상지역'이고, 투기과열지구는 '투기지역은 아니고 투기과열지구에는 해당되는 조정대상지역', 조정대상지역은 '투기지역이나 투기과열지구가 아닌 조정대상지역'입니다. 투기지역은 투기과열지구의 부분집합, 투기과열지구는 조정대상지역의 부분집합입니다.

**1** 투기지역이자 투기과열지구인 조정대상지역: 서울특별시 25개구 중 15개구(강남구·서초구·송파구·강동구·용산구·성동구·노원구·마포구·양천구·영등포구·강서구·종로구·중구·동대문구·동작구), 세종특별자치시(행정중심복합도시 건설예정지).

**2** 투기지역은 아니나 투기과열지구인 조정대상지역: 서울특별시 25개구 중 10개구(구로구·금천구·관악구·광진구·중랑구·성북구·강북구·도봉구·은평구·서대문구), 경기도 과천시·성남시(분당구)·광명시·하남시, 대구광역시(수성구).

## [강한 규제지역 곱셈전략]

# 서울에서도 아파트 가격의
# **70% 빌릴 수 있다**

여기까지 오시느라 수고 많으셨습니다. 지금부터 본론입니다.

정부 보도자료나 신문기사를 통해 서울이나 과천, 세종 같은 강한 규제지역에서 주택담보대출한도가 집값의 40%로 제한됐다는 소식을 주로 접했을 것입니다. 하지만 강한 규제지역에서도 LTV 70% 적용이 가능합니다. 즉 집값의 70%까지 주택담보대출을 받을 수 있는데, 바꾸어 말하면 가용자산의 3.33…배에 해당하는 아파트를 구입할 수 있다는 뜻입니다. (주택은 아파트와 빌라, 연립주택 등으로 나뉘는데 여기서부터 설명의 편의를 위해 아파트를 중심으로 설명 드리겠습니다. 뒤에서 다루겠지만 대출한도나 향후 처분 가능성 면에서 첫 집은 아파트가 좋습니다.)

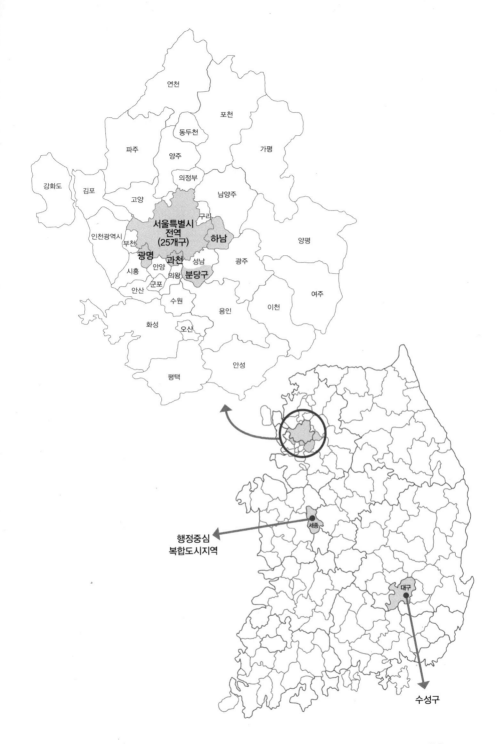

이런 일이 가능한 이유는 정부(주택금융공사)에서 운영하는 디딤돌 대출이나 보금자리론 같은 정책모기지는 6·19 대책이나 8·2 대책에 따른 강화된 LTV 규제(70%→40%)를 적용받지 않기 때문입니다. (정책모기지는 크게 디딤돌대출(집값 5억 이하 대상)과 보금자리론(집값 6억 이하 대상), 적격대출(집값 9억 원 이하 대상)로 구분되는데 적격대출은 디딤돌대출이나 보금자리론과 달리 정부의 기본 LTV 규제를 그대로 따릅니다.)

보금자리론과 디딤돌대출은 주택금융공사 홈페이지를 통해 직접 신청하거나 일반 주택담보대출처럼 주요 시중은행에서 신청해 받을 수 있습니다. 결론부터 말씀드리면 디딤돌대출에 적용되는 LTV는 지역과 무관하게 최대 70%입니다. 디딤돌대출을 받을 수 있는 사람이라면 서울이나 과천 아파트를 구입해도 경기도 파주나 강원도 등 비규제지역처럼 LTV 70%를 적용받을 수 있습니다.

보금자리론 적용 LTV는 비규제지역의 경우 최대 70%이고, 규제지역의 경우 약한 규제지역(조정대상지역), 강한 규제지역(투기과열지구, 투기지역) 모두 최대 60%입니다. 서울과 세종 등 강한 규제지역에서도 보금자리론 대출 자격을 충족하면 집값의 60%에 해당하는 주택담보대출을 받을 수 있다는 얘기입니다. 일반 주택담보대출을 이용하면 강한 규제지역의 경우 집값의 40% 이내로 대출금액이 제한되는 것과 달리 보금자리론을 이용하면 대출한도가 늘어나는 셈입니다.

지금 이 대목이 중요합니다. 보금자리론 대출 자격을 갖고 있는 분들 중에서도 부부합산 연봉이 7,000만 원 이하이면서 구입하려는 아파트 가격이 5억 원 이하인 무주택자들은 집값의 70%에 해당하는 보금자리론을 받을 수 있습니다.

**디딤돌대출과 보금자리론**

| 구분 | 디딤돌대출 | 보금자리론 |
|---|---|---|
| 집값 한도<br>(면적·연령 기준) | 5억 원 이하<br>(전용면적 85m² 이하)[1] | 6억 원 이하 (전용면적 제한 없음)<br>※ 단, 신혼부부에 대한 요건(소득, 금리)<br>완화 적용 시 주택면적 85m² 이하 |
| 부부합산<br>연소득 한도 | 7,000만 원<br>(생애최초주택 구입자 또는<br>신혼부부[2] 또는 2자녀 이상)<br>6,000만 원(기타) | 1억 원(3자녀 이상)<br>9,000만 원(2자녀 이상)<br>8,500만 원(맞벌이 신혼&무주택자)<br>8,000만 원(1자녀)<br>7,000만 원(기타 자녀 없는 외벌이 신혼<br>포함)<br>※ 신청일 기준 만 19세 미만 자녀를 의미 |
| 무주택 요건 | 무주택자만 대출 신청 가능<br>(또 다른 1주택으로 갈아타려<br>는 기존 1주택자 신청 불가) | 무주택자<br>1주택자(기존 집 2년 내 처분조건) |
| 대출금액 한도 | 2억 4,000만 원(2자녀 이상)<br>2억 2,000만 원(신혼부부)<br>2억 원(기타) | 3억 원(2자녀 이하)<br>4억 원(3자녀 이상) |
| 적용 LTV<br>(지역별 기본<br>LTV와 무관) | 70% 이하<br>※ 주택 유형과 관계없이 지역<br>별 소액임차보증금 차감 | 70% 이하(① 연봉 7,000만 원 이하 &<br>② 집값 5억 원 이하 & ③ 무주택자)<br>60% 이하(①, ②, ③ 중 1개 이상 요건을<br>충족하지 못하는 자) |
| 적용금리 | 연 2.00~3.15% | 연 3.1~3.35%<br>(2018년 11월 현재, u-보금자리론 기본<br>형 기준) |

1 금융권과 정부에서는 통상 방이나 거실, 주방, 화장실 등 전용 생활공간과 계단, 복도, 엘리베이터 등 주거 공용면적을 합친 '공용면적' 대신 방, 거실, 주방, 화장실 등만 포함하는 '전용면적'을 기준으로 주택 면적을 표현합니다. 전용면적 85㎡ 아파트는 흔히 이야기하는 30평대 아파트이고 전용면적 59㎡ 아파트가 20평대 아파트입니다. 또한 수도권을 제외한 도시 지역이 아닌 읍·면 지역은 100㎡ 이하까지 디딤돌대출이 가능합니다. 결혼을 하지 않은 만 30세 미만 20대는 원칙적으로 디딤돌대출을 받을 수 없지만 기혼자, 결혼예정자, 결혼 여부와 무관하게 동일 세대에서 자녀를 키우거나 6개월 이상 부모를 봉양하는 경우 디딤돌대출을 받을 수 있습니다. 만 30세 이상이더라도 기혼자(결혼예정자)가 아니거나 따로 자녀나 부모를 양육·봉양하지 않는 경우 대출한도가 1.5억 원 이하로, 구입 가능한 면적(전용면적)이 60㎡ 이하(수도권을 제외한 도시 지역이 아닌 읍·면 지역은 70㎡ 이하)로 제한됩니다.
2 혼인신고일이 신청일로부터 5년 이내 & 결혼예정자(대출 실행일 이후 3개월 이내 혼인신고 완료 전제).

서울을 비롯한 강한 규제지역에서 아파트 구입을 알아보는 분들이 압도적으로 많은 게 사실이며, 이 지역의 기본 LTV 규제가 세계 최고 수준으로 높습니다. 따라서 강화된 LTV 규제가 적용되지 않는 디딤돌대출과 보금자리론을 활용한 빚내서 아파트 사기 전략부터 소개하지 않을 수 없습니다.

　디딤돌대출과 보금자리론 대출 요건은 31페이지 표와 같습니다. 디딤돌대출 요건이 보금자리론보다 엄격합니다.

# 보유자산 1억 3,000만 원 이하
# 연봉 7,000만 원 이하 가족,
# **4억 2,000만 원 이하 아파트를 노려라**

디딤돌대출이나 보금자리론을 이용하면 서울에서도 아파트 가격의 70%에 해당하는 주택담보대출을 받을 수 있다고 말씀드린 바 있습니다. 문제는 두 정책모기지는 LTV 규제비율과 무관하게 대출한도가 정해져 있다는 점입니다. 예컨대 보금자리론의 집값 한도가 6억원이라고 해서 4억 2,000만 원(집값 한도 6억 원의 70%)의 주택담보대출을 받을 수 없고, 마찬가지로 디딤돌대출 역시 3억 5,000만 원(집값 한도 5억 원의 70%)을 받을 수 없습니다. 보금자리론의 대출한도는 3억 원(3자녀 이상은 4억 원), 디딤돌대출한도는 신혼부부 기준 2억 2,000만 원(2자녀 이상은 2억 4,000만 원, 기타는 2억 원)으로 제한돼 있기 때문입니다.

작은 가용자산으로 통근·주거 여건이 나은 비교적 고가의 아파트를 구입하려는 분들이라면 디딤돌대출보다 보금자리론을 기준으로 전략을 구상하는 게 적절합니다. 디딤돌대출의 경우 물리적 대출한도가 2억 원(2자녀는 2억 2,000만 원, 3자녀 이상은 2억 4,000만 원)에 불과하기 때문에 디딤돌대출이 허용하는 가장 비싼 아파트인 5억 원짜리 아파트를 구입하려면 3억 원(2자녀는 2억 8,000만 원, 3자녀 이상은 2억 6,000만 원)의 가용자금이 있어야 합니다.

보금자리론 대출 자격(집값 6억 원 이하, 부부 연봉 7,000만~1억 원 이하, 무주택자 또는 1주택자)을 충족하는 분들 중 5억 원 이하 주택을 구입하면서 부부 연봉이 7,000만 원 이하이고 무주택자인 분들은 1억 2,857만 원의 보유자산으로 3억 원의 보금자리론을 빌려 4억 2,857만 원짜리 아파트를 구입할 수 있습니다. 3억 원의 보금자리론 한도를 최대한 소진하면서 LTV 70% 적용이 가능한 최대 아파트 가격은 3억 원÷0.7(70%)이기 때문입니다. (물론 1억 5,000만 원을 갖고 있으면 3억 원을 빌려 4억 5,000만 원짜리 아파트를, 2억 원을 들고 있으면 3억 원을 빌려 5억 원짜리 아파트를 각각 살 수 있습니다. 더 많은 돈을 보유한 분들은 그 이상도 가능합니다. 이 대목에서 초점을 맞춘 분들은 상대적으로 여유자금이 넉넉하지 않은 분들입니다.)

1억 2,000만 원을 갖고 있으면 3억 원을 빌려 시세 4억 2,000만 원 아파트를 살 수 있다는 얘기입니다. 1억 원짜리 오피스텔에 전세로

**1억 2,000만 원 들고 4억 2,857만 원 서울 상계동 아파트 구입 시나리오**

| 보유자산 | 구입 가능<br>아파트 가격 | 주택담보대출<br>(LTV 70%) | 월 원리금상환액<br>(첫 달 이자~마지막 달 이자) | 비고 |
|---|---|---|---|---|
| 1억 2,857만 원 | 4억 2,857만 원 | 3억 원 | 127만 원<br>(약 75만 원~3,164원) | 보금자리론 |
| 1억 2,000만 원 | 4억 원 | 2억 8,000만 원 | 118만 원<br>(약 70만 원~2,953원) | |
| 1억 1,000만 원 | 3억 6,666만 원 | 2억 5,666만 원 | 109만 원<br>(약 64만 원~2,706원) | |
| 1억 원 | 3억 3,333만 원 | 2억 3,333만 원 | 99만 원<br>(약 58만 원~2,461원) | |
| 9,000만 원 | 3억 원 | 2억 1,000만 원 | 86만 원<br>(약 47만 원~1,946원) | 디딤돌대출<br>(보금자리론<br>불필요) |
| 8,000만 원 | 2억 6,666만 원 | 1억 8,666만 원 | 76만 원<br>(약 42만 원~1,731원) | |

\* 생애최초 무자녀 신혼부부 기준. 보금자리론은 연이율 3.03%, 디딤돌대출은 연이율 2.75% 기준. 만기 30년 순수고정금리, 원리금균등 분할상환방식, 원리금상환액 등은 반올림. 2018년 11월 19일 대출 실행 및 매월 19일 원리금 납입 가정.

살고 있었다면 2억 3,000만 원 정도를 빌려 3억 3,333만 원짜리 서울 외곽 아파트를 사서 내 집에 입주하는 방안을 고려해볼 만합니다.

보금자리론이 허용하는 최대 대출금액 3억 원을 활용하면 4억 원 초반대 아파트를 구입할 수 있습니다. 대출금액이 2억 원(2자녀 이상은 2억 2,000만 원) 이하일 경우 군이 보금자리론을 받을 필요 없이 금리가 저렴한 디딤돌대출을 이용하지 않을 이유가 없습니다. 보금자리론을 이용하는 경우에도 디딤돌대출 허용금액(2억~2억 4,000만 원)까지는 디딤돌대출을 받고 초과금액에 대해서는 보금자리론을 이용하는 방식으로 금리를 낮출 수 있습니다. 이는 별도의 장에서 따로 설명 드리겠습니다.

KB국민은행 '월간 KB주택 가격동향'에 따르면 2018년 10월 서울 아파트 평균 매매가격은 8억 429만 원입니다. 서울 아파트 평균 매매 가격이 8억 원을 넘어섰다고 하지만 신혼부부들이 미래를 기약하면서 20대 후반이나 30대의 추억을 만들어나갈 아파트는 생각보다 많이 있습니다.

연봉이 6,000만 원인데 5배에 달하는 3억 원 대출이 무리한 것 아니냐고 반문하시는 분들도 있을 것 같습니다. 향후 소득심사지표인

제가 네이버부동산(land.naver.com)에서 서울특별시 노원구 일대 4억 2,000만 원 이하(호가 기준) 아파트를 검색한 결과입니다. 1988년부터 1991년까지 제 가족이 전세(2,000만 원)로 살던 노원구의 한 아파트는 그 당시 매매가가 3,000만 원에 불과했는데 2018년 11월 17일 검색해 보니 이 아파트 호가가 4억 1,000만 원으로 나옵니다. 부모님 등 가족의 도움을 받지 않은 채 스스로 벌고 갚을 수 있는 빚을 빌려 30대나 40대 초반에 4억 원 전후의 서울 아파트를 구입할 수 있다는 건 열심히 살았다는 뜻입니다. 신문·방송에 나오는 유명한 아파트를 첫 집으로 마련할 수 있는 사람은 극히 드뭅니다.

DTI, DSR을 다룰 때 자세히 말씀드리겠지만 결코 무리한 대출이 아닙니다. 연봉이 6,000만 원이 아니라 4,000만 원이나 3,000만 원에 불과하다고 하더라도 연간 소득 대비 연간 원리금상환액DTI, DSR이 20~40%에 불과한 안전한 대출, 즉 갚을 수 있는 대출입니다. 요즘 들어 새로운 소득심사지표로 뜨고 있다는 DSR 관점에서 봐도 마찬가지입니다. 물론 이 지표에서 적신호가 켜질 정도로 무리한 대출은 피해야 합니다. 반면 소득심사지표를 충분히 만족한다면 LTV는 정부의 강제적 규제만 없다면 넘어서도 될 정도로 주택 구입예정자들이 걱정할 지표가 아닙니다.

# 다둥이 엄마·아빠,
# 1억 5,000만 원으로 5억 원 아파트 사기

3자녀 이상 가구에게는 좀 더 넓은 길이 열려 있습니다. 1억 5,000만 원의 가용자산으로 3억 5,000만 원의 보금자리론을 빌려 시세가 많게는 5억 원에 달하는 아파트까지 구입할 수 있습니다. 보금자리론의 일반적인 한도는 3억 원인데 3자녀 이상부터 4억 원으로 올라가기 때문입니다.

2자녀 이하 가구의 경우 한도가 3억 원이라 3억 원이 시세의 70%가 되게끔 하는 아파트 가격이 4억 2,857만 원이 한계입니다. 반면 3자녀 이상은 한도가 4억 원이라 한계가 5억 7,143만 원(4억 원÷0.7)까지 올라갑니다. 하지만 5억 7,143만 원짜리 아파트는 이 방식으로 살 수 없고 구입 가능 아파트 가격은 5억 원으로 한정됩니다. 3자녀 이상도 LTV 60% 초과 70% 이하 보금자리론을 받으려면 ① 집값 5억 원 이하 ② 부부 연봉 7,000만 원 이하 ③ 무주택자 등 세 가지 요건을 충족해야 하기 때문입니다. (이 세 가지 요건을 '보금자리론 실수요자 요건'이라고 부릅니다. 뒤에서 설명할 '투기과열지구 서민·실수요자 요건'이나 '조정대상지역 서민·실수요자 요건'과 별개의 개념입니다.)

보유자산이 1억 2,000만 원이면 4억 원, 1억 원이면 3억 3,333만 원짜리 아파트를 시세의 70% 주택담보대출을 받아 구입할 수 있습니다. 3억 3,333만 원짜리 아파트 구입에 필요한 대출금액은 2억 3,333만 원입니다.

**삼둥이 가족 1억 5,000만 원 들고 5억 원 아파트 구입 시나리오**

| 보유자산 | 구입 가능 아파트 가격 | 주택담보대출 (LTV 70%) | 월 원리금상환액 (첫 달 이자~마지막 달 이자) |
|---|---|---|---|
| 1억 5,000만 원 | 5억 원 | 3억 5,000만 원 | 144만 원 (약 81만 원~3,370원) |
| 1억 4,000만 원 | 4억 6,666만 원 | 3억 2,666만 원 | 135만 원 (약 76만 원~3,145원) |
| 1억 3,000만 원 | 4억 3,333만 원 | 3억 333만 원 | 125만 원 (약 71만 원~2,920원) |
| 1억 2,000만 원 | 4억 원 | 2억 8,000만 원 | 114만 원 (약 65만 원~2,696원) |
| 1억 원 | 3억 3,333만 원 | 2억 3,333만 원 | 96만 원 (약 55만 원~2,264원) |

\* 보금자리론 연이율 2.83% 기준. 추가 우대금리(−0.40%포인트)가 적용되는 것을 가정. 3억 원 초과 아파트는 디딤돌대출 한도에서 최대 3,700만 원(서울 기준)을 차감하므로 디딤돌대출 대신 보금자리론 이용을 기준으로 시나리오 작성.

## 5

**[서울 LTV 60% 전략]**

# 연봉 9,000만 원 이하
# 신혼부부와 3·4인 가구,
# 2억 원으로 5억 원 아파트 사기

대출금이 시세의 60%를 초과하고 70% 이하인 서울과 세종, 과천 등 아파트를 구입할 수 있는 분들을 위한 전략은 직전 장에서 설명했습니다. 지금부터 말씀드리는 것은 LTV 50% 초과 60% 이하인 분들을 위한 내용입니다.

2억 원의 보유자산이 있으면 서울과 세종, 과천 등에서 5억 원(2억 원×2.5)짜리 아파트를 구입할 수 있습니다. 1억 8,000만 원을 갖고 4억 5,000만 원(1억 8,000만 원×2.5) 아파트를 구입하는 것도 가능합니다. 각각 3억 원(5억 원×60%), 2억 7,000만 원(4억 5,000만 원×60%)의, 보금자리론이 아닌 시중은행 주택담보대출 상품으로는 서울 일대에서 허용되지 않는 LTV 60% 대출을 받을 수 있다는 얘기입니다.

2억 원을 넘는 보유자산, 가령 2억 3,000만 원을 갖고 있으면 3억 원을 빌려 5억 3,000만 원짜리 아파트를 살 수 있습니다. 보유자산 2억 3,000만 원 기준 LTV 60% 일반론에 따라 2.5를 곱하면 구입 가능 아파트 가격 한도는 5억 7,500만 원이 돼야 하지만 서울 등지에서 LTV 60%를 허용하는 보금자리론의 한도는 3억 원입니다. (3자녀 이상 가구의 경우 5억 7,500만 원짜리 아파트를 구입할 수 있습니다. 3자녀 이상 가구 대상 보금자리론 한도는 4억 원인데 이 경우 필요한 대출금은 3억 4,500만 원이기 때문입니다. 2억 4,000만 원을 들고 3억 6,000만 원을 빌려 6억 원짜리 아파트를 구입하는 것 역시 가능합니다.)

따라서 2억 3,000만 원의 보유자산에 3억 원의 보금자리론을 보태 5억 3,000만 원의 아파트를 구입할 수 있는 것입니다. 이 경우 LTV는 56.7%입니다. 50% 초과 대출은 서울 같은 강한 규제지역에서 보금자리론의 힘을 빌리지 않고는 받을 수 없습니다.

LTV 60% 초과 70% 이하 대출에 필요했던 ① 집값 5억 원 이하 ② 부부 연봉 7,000만 원 이하 ③ 무주택자 등 이른바 '보금자리론 실수요자 요건'을 만족하지 않아도 좋습니다. 대신 보금자리론 신청 자격 자체는 충족해야 합니다. 구입 집값이 6억 원 이하여야 하고 부부 연봉 7,000만~1억 원 이하, 무주택자 또는 1주택자(처분조건부) 등 세 가지 요건을 만족하면 됩니다. (1억 원: 3자녀 이상, 9,000만 원: 2자녀 이상, 8,500만 원: 맞벌이인 신혼부부(자녀수, 자녀 유무 무관), 8,000만 원:

1자녀, 7,000만 원: 외벌이 신혼 및 신혼 아닌 맞벌이, 독신자 등. 여기서 1자녀, 2자녀, 3자녀 요건은 신혼 여부는 물론 현재의 혼인 상태와도 무관합니다. 한부모 가정도 많기 때문입니다.)

부부합산 연봉이 7,000만 원을 초과하거나 염두에 둔 아파트가 6억 원 이하이되 5억 원을 초과해 서울 등지에서 LTV 60% 초과 70% 이하 보금자리론을 이용할 수 없는 분들도 LTV 50% 초과 60% 이하 보금자리론을 이용해 서울에서 내 집 마련에 도전할 수 있습니다. 구체적인 대상은 부부 연봉 1억 원 이하인 3자녀 이상 가구,

LTV 50~60% 보금자리론 대출 받아 강한 규제지역 아파트 구입하기 시나리오

| 보유자산 | 구입 가능<br>아파트 가격 | 대출금<br>(LTV 비율) | 월 원리금상환액<br>(첫 달 이자~마지막 달 이자) |
|---|---|---|---|
| 1억 7,000만 원 | 4억 2,500만 원<br>(=A×2.5) | 2억 5,500만 원<br>(60%) | 108만 원<br>(약 64만 원~2,689원) |
| 1억 8,000만 원(B) | 4억 5,000만 원<br>(=B×2.5) | 2억 7,000만 원<br>(60%) | 114만 원<br>(약 67만 원~2,847원) |
| 2억 원(C) | 5억 원<br>(=C×2.5) | 3억 원<br>(60%) | |
| 2억 3,000만 원(D) | 5억 3,000만 원<br>(=D×2.3) | 3억 원<br>(56.6%) | |
| 2억 5,000만 원(E) | 5억 5,000만 원<br>(=E×2.2) | 3억 원<br>(54.5%) | 127만 원<br>(약 75만 원~3,164원) |
| 2억 8,000만 원(F) | 5억 8,000만 원<br>(=F×2.07) | 3억 원<br>(51.7%) | |
| 3억 원(G) | 6억 원<br>(=G×2.0) | 3억 원<br>(50.0%) | |

* 보금자리론은 연이율 3.03%(생애최초주택 구입 신혼부부 기준). 만기 30년 순수고정금리. 원리금균등분할상환방식. 원리금상환액 등은 반올림. 2018년 11월 19일 대출 실행 및 매월 19일 원리금 납입 가정.

9,000만 원 이하인 2자녀 가구, 8,500만 원 이하인 맞벌이 신혼부부 (자녀 유무와 무관), 8,000만 원 이하인 1자녀 가구 등입니다. 외벌이 신혼이거나 혼인신고한 지 5년이 지났는데 자녀가 없는 분, 독신자로서 연봉이 7,000만 원 이하인데 5억 원 초과 6억 원 이하 서울, 과천, 세종, 경기도 성남시 분당구, 대구광역시 수성구 아파트 등 강한 규제 지역 아파트 구입을 알아보는 분도 마찬가지입니다.

## [서울 LTV 50% 전략]
# 3억 원 들고 적격대출 3억 원 빌려
# 6억 원 아파트 사기

외벌이 신혼, 결혼한 지 5년이 지난 무자녀 부부, 독신자 등이면서 주택 구입 경험이 없는 생애최초주택 구입자이자 연봉이 7,000만 원을 초과하고 8,000만 원 이하인 분들을 위한 내용입니다. (1명 이상의 자녀가 있는 분들이나 맞벌이 신혼부부는 LTV 50% 초과 70% 이하 전략을 다룬 기존 내용에 따라 내 집 마련 시나리오를 수립하면 됩니다.)

이분들은 보금자리론 이용 자격이 안 되는 분들 중 정부가 2017년 8·2 부동산 대책을 내놓으면서 마련한 '투기과열지구·투기지역(강한 규제지역) 서민·실수요자 요건'에는 해당하는 분들입니다. 이른바 '강한 규제지역 서민·실수요자 요건'은 ① 집값 6억 원 이하 ② 부부 연봉 8,000만 원 이하(주택 구입 유경험자는 7,000만 원) ③ 무주택자 등 세 가지입니다.

이처럼 강한 규제지역 LTV 50% 자격을 충족하는데 LTV 50% 초과 70% 이하 요건은 충족하지 못하는 무주택자들을 위한 내 집 마

**연봉 7,000만 원 초과 8,000만 원 이하 무자녀 가정을 위한 서울 LTV 50% 전략**

| 보유자산 | 구입 가능 아파트 가격 | 대출금 (LTV 비율) | 월 원리금상환액 (첫 달 이자~마지막 달 이자) | 비고 |
|---|---|---|---|---|
| 2억 원 | 4억 원 | 2억 원 (50%) | 88만 원 (약 55만 원~2,416원) | 강한 규제지역 서민·실수요자 자격 충족에 따른 혜택 있음. ※ 기본 LTV 비율(40%)로는 해당 가격 아파트 구입 불가. |
| 2억 3,000만 원 | 4억 6,000만 원 | 2억 3,000만 원 (50%) | 101만 원 (약 63만 원~2,779원) | |
| 2억 5,000만 원 | 5억 원 | 2억 5,000만 원 (50%) | 110만 원 (약 69만 원~3,022원) | |
| 2억 8,000만 원 | 5억 6,000만 원 | 2억 8,000만 원 (50%) | 123만 원 (약 77만 원~3,384원) | |
| 3억 원 | 6억 원 | 3억 원 (50%) | 132만 원 (약 83만 원~3,625원) | |
| 3억 5,000만 원 | 6억 원 | 2억 5,000만 원 (41.6%) | 110만 원 (약 69만 원~3,022원) | |
| 3억 5,900만 원 | 6억 원 | 2억 4,100만 원 (40.2%) | 106만 원 (약 66만 원~2,912원) | |
| 3억 7,000만 원 | 6억 1,666만 원 | 2억 4,666만 원 (40.0%) | 109만 원 (약 68만 원~2,981원) | 강한 규제지역 서민·실수요자 자격 충족에 따른 혜택 없음. ※ 기본 LTV 비율(40%)로도 해당 가격 아파트 구입 가능. |
| 4억 원 | 6억 6,666만 원 | 2억 6,666만 원 (40.0%) | 118만 원 (약 73만 원~3,223원) | |

\* 연이율 3.35% 기준(주요 시중은행 '금리고정형 적격대출' 11월 9일 공시, 같은 달 19일 대출 실행 가정 기준). 순수고정금리, 30년 만기 원리금균등 분할상환 기준. 원리금상환액은 반올림.

런 전략은 가장 단순합니다. 보유자산만큼 주택담보대출을 받아 자산의 갑절에 해당하는 서울 등지 아파트를 구입하면 됩니다. 이 중 6억 원을 초과하는 강한 규제지역 아파트를 알아보는 분들은 바로 다음 장으로 넘어가시기 바랍니다.

가진 돈은 2억 원 이하로 넉넉하지 않지만 소득 요건이 맞지 않아 보금자리론을 받을 수 없는 분들 중 강한 규제지역 서민·실수요자 요건을 충족하는 분들은 45페이지 표처럼 아파트 가격의 50%에 해당하는 주택담보대출을 받아 보유자산의 2배에 해당하는 아파트를 구입할 수 있습니다. 2억 원을 들고 4억 원 아파트를, 2억 8,000만 원을 들고 5억 6,000만 원 아파트를 살 수 있습니다.

3억 5,000만 원을 들고 있는 강한 규제지역 서민·실수요자도 이같은 'LTV 40% 초과 50% 이하 혜택'을 이용하는 게 유리합니다. 서울 등지의 기본 LTV 비율(40%)대로 하면 5억 8,333만 원을 넘는 아파트를 구입할 수 없습니다. 그러나 아파트 가격이 6억 원을 초과하지만 않는다면 서민·실수요자 요건을 충족하기 때문에 LTV 50% 적용이 가능합니다. 서울의 기본 LTV 규제비율을 초과하는 2억 5,000만 원(LTV 41.6%)의 주택담보대출을 받아 6억 원의 아파트를 구입할 수 있다는 얘기입니다.

반면 3억 7,000만 원 이상의 보유자산이 있다면 구태여 서민·실수요자 혜택을 받기 위해 구입하려는 아파트 가격을 6억 원 이하로 한정할 필요가 없습니다. 서민·실수요자 혜택을 받지 않고 기본 LTV

규제비율(40%)만큼 대출을 받아도 6억 원을 초과하는 아파트를 구입할 수 있기 때문입니다. 가령 4억 원을 들고 있는 분은 LTV 40%에 해당하는 2억 6,666만 원의 주택담보대출을 받아 6억 6,666만 원의 경기도 과천시 소재 아파트를 구입할 수 있습니다. 물론 취득세 절감 등 다른 이유로 구입하려는 아파트 가격을 6억 원 이하로 맞추려는 분들은 일부러 더 많은 대출을 받아 구입 아파트 가격을 높일 필요가 없습니다. (주택 구입에 따른 취득세(전용면적 85m² 이하 기준)는 집값(매매 계약서상 표시금액) 6억 원 이하 기준 집값의 1.1%, 집값 6억 원 초과 9억 원 이하 기준 2.2%, 집값 9억 원 초과 기준 3.3%입니다.)

디딤돌대출이나 보금자리론 대출 자격을 충족하지 못하는 분들은 또 다른 정책모기지 상품인 적격대출이나 시중은행과 보험사 등에서 취급하는 민간 주택담보대출을 이용해야 합니다. 둘 다 디딤돌대출이나 보금자리론보다 금리가 상대적으로 높다는 단점이 있다는 점에서 공통점이 있습니다. 다른 점은 적격대출은 최장 30년의 대출기간 동안 최초 약정금리가 유지되는 순수고정금리 상품을 운영하는 반면, 민간 주택담보대출은 고정금리가 길어야 5년에 불과한 혼합형 고정금리 상품만 운영하고 있다는 점입니다. 향후 금리인상 가능성이 높다고 판단하는 분들은 적격대출을 받는 게 이자 부담 증가 불안감을 줄이는 방법입니다.

또한 적격대출은 구입 주택 가격이 9억 원 이하로 제한되고 보금자리론과 마찬가지로 다주택자는 신청할 수 없습니다. 대출한도는 5억 원입니다. 1주택자는 기존 주택을 적격대출을 받은 날로부터 2년 안에 처분한다고 약속해야 새집 구입을 위한 적

**정책모기지와 민간 주택담보대출 개관**

| 구분 | 정책모기지 | | | 민간 주택 담보대출 |
|------|------------|------------|------------|------------|
| | 디딤돌대출 | 보금자리론 | 적격대출 | |
| 무주택 요건 | 무주택 한정 | 무주택자 1주택자(처분조건부) | 무주택자 1주택자(처분조건부) | 주택수 무관 |
| 집값 한도 | 5억 원 | 6억 원 | 9억 원 | 제한 없음 |
| 대출한도 | 2억 원 2억 2,000만 원(신혼) 2억 4,000만 원(2자녀 이상) | 3억 원(2자녀 이하) 4억 원(3자녀 이상) | 5억 원 | 제한 없음 |
| 고정금리 기간 | 최장 30년 | 최장 30년 | 최장 30년 | 최장 5년 |

* 1주택자는 기존 주택 2년 이내 처분 약정 전제.

격대출을 받을 수 있습니다. 민간 주택담보대출 상품은 원칙적으로 가격 제한이 없고 다주택자도 받을 수 있습니다. 다만 다주택자의 경우 규제지역(투기지역, 투기과열지구, 조정대상지역)에서 추가 주택 구입을 위한 주택담보대출은 불가능합니다.

**[서울 LTV 40% 전략]**

# 모든 것은 '1.66…'을
# 곱하는 데서 시작한다

정부가 2017년 8·2 대책에서 정한 LTV 40% 비율을 예외 없이 적용받게 되는 분들은 다음과 같습니다. 먼저 보금자리론 신청 자격이나 강한 규제지역 서민·실수요자 요건 중 어느 하나도 만족하지 못하는 분들은 6억 원 이하 아파트를 구입한다고 하더라도 40%의 LTV를 적용받습니다. 보금자리론 요건이나 서민·실수요자 자격을 갖추더라도 6억 원을 초과하는 서울, 과천 등 강한 규제지역 아파트를 구입하려면 대출한도가 집값의 40% 이하로 제한됩니다.

이분들이 기억해야 할 숫자는 '1.66…'입니다. 가용자산에 1.66…을 곱하면 구입할 수 있는 아파트 가격의 한계가 나옵니다.

보유자산 2억 5,000만 원을 들고 서울에 5억 원 아파트 구입을 염두에 두고 있는 2자녀를 둔 맞벌이·무주택 신혼부부인데 부부합산 연봉이 9,500만 원입니다. (직장인 기준 부부합산 연봉은 통상 대출 신청〔실행이 아님〕 시점에 존재하는 전년도 근로소득원천징수영수증에 따릅니다.) 이 경우 강한 규제지역 서민·실수요자 요건과 보금자리론 신청 자격을 각각 충족하지 못합니다. 이 부부가 서울이나 과천, 분당, 세종에서 구입할 수 있는 아파트 가격의 한계는 4억 1,666만 원입니다.

전용면적 110m²(이른바 40평대)인 7억 원대 서울 아파트 구입을 알아보는 연봉 9,500만 원의 무주택 삼둥이 아빠 역시 기본 LTV인 40%를 적용받게 되고 보금자리론 역시 이용할 수 없습니다. 7억 5,000만 원짜리 아파트를 구입하기 위해 삼둥이 아빠에게 필요한 가용자산은 4억 5,000만 원입니다.

5억 원을 갖고 있으면 8억 3,333만 원(5억 원×1.66…), 보유자산이 6억 원이나 7억 원이면 각각 10억 원, 11억 6,666만 원의 아파트를 구입할 수 있습니다. 참고로 이 정도 가격대까지는 최근 강화 움직임이 일고 있는 종합부동산세가 부과되지 않습니다. 별도의 장에서 설명 드리겠습니다.

9억 원을 넘는 주택담보대출이 원칙적으로 금지됐다는 표현을 담은 2018년 9·13 대책으로 9억 원 초과 아파트 구입을 위한 주택담보대출이 전면 금지된 것처럼 오해하는 분들도 일부 있었습니다. 먼저 9억 원은 공시가격 기준이고 공시가격이 9억 원이 되려면 실제 아파트 시세가 14억~15억 원가량 돼야 합니다. 아울러 설령 아파트 시세가 14억~15억 원이 아니라 16억~17억 원을 넘어선다고 하더라도 주택담보대출은 LTV·DTI 규제비율 안에서 충분히 가능합니다. 정부 발표는 실거주 목적이 아닌 경우 대출을 금지하겠다는 뜻이기 때문입니다. 입주 시기가 맞지 않아 전세금을 떠안고 공시가격 9억 원 초과 아파트를 미리 샀다고 하더라도 2년 안에 실제 입주하면 문제가 없습니다. (공시지가 9억 원 이상 주택의 경우라도 무주택자가 실거주 목적으로 구입하는 경우라면 주택담보대출을 받는 데 문제가 없습니다.)

## 적격대출과 민간 주택담보대출, 원리금 직접 계산해보자

집값이 9억 원을 넘어서거나 대출금이 5억 원을 웃돌 경우 적격대출이 아닌 민간 주택담보대출 상품을 이용해야 합니다. 집값이 9억 원 이하이거나 대출금이 5억 원 이하라도 순수고정금리를 고집하지 않는 분들은 민간 주택담보대출 상품을 이용해도 무방합니다. 최장 만기가 30년으로 고정돼 있는 적격대출 등 정책모기지 상품과 달리 민간 주택담보대출 상품은 만기를 최장 35년까지 늘릴 수 있습니다. 대출 만기가 길어지는 만큼 월 원리금상환액 부담이 줄어듭니다. (물론 대출기간 동안 납부하게 될 총이자액이 늘어납니다.)

| 보유자산(A) | 구입 가능 아파트 가격 (A×1.66…) | 대출금 (LTV 40%) | 월 원리금상환액 (첫 달 이자↓) | | 비고 |
|---|---|---|---|---|---|
| 2억 5,000만 원 | 4억 1,666만 원 | 1억 6,666만 원 | 만기 30년 | | 적격대출 이용 가능 ※ 만기 30년 제한 |
| | | | 73만 원(46만 원↓) | | |
| 3억 원 | 5억 원 | 2억 원 | 88만 원(55만 원↓) | | |
| 4억 원 | 6억 6,666만 원 | 2억 6,666만 원 | 118만 원(73만 원↓) | | |
| 5억 원 | 8억 3,333만 원 | 3억 3,333만 원 | 147만 원(92만 원↓) | | |
| 6억 원 | 10억 원 | 4억 원 | 만기 30년 | 만기 35년 | 적격대출 이용 불가 (민간 주택담보대출만 가능) ※ 만기 35년 가능 |
| | | | 174만 원 (107만 원↓) | 160만 원 (107만 원↓) | |
| 7억 원 | 11억 6,666만 원 | 4억 6,666만 원 | 203만 원 (125만 원↓) | 186만 원 (125만 원↓) | |

\* 원리금균등 분할상환 기준. 적격대출은 연이율 3.35%·순수고정금리·만기 30년 기준, 민간 주택담보대출은 연이율 3.26%(우리은행 우리아파트론 11월 18일 조회분 기준)·5년 고정혼합형(1~5년차만 고정금리·6~30년차는 6개월 단위 변동금리)·만기 30년, 35년 기준. 원리금균등 분할상환방식에서 이자는 대출 실행일 이후부터 대출 만기까지 점차 감소(원금상환분은 점차 증가 → 월 원리금은 매월 균등하게 유지).

대출 만기와 적용이율에 따른 월 원리금상환액과 월 이자액, 총이자액 등은 주요 금융기관 홈페이지나 애플리케이션에서 조회할 수 있습니다.

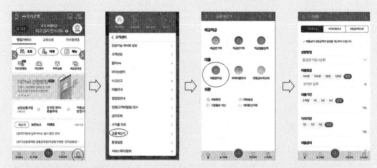

주요 시중은행 애플리케이션에서 흔히 볼 수 있는 대출할부금 계산기. 첫 화면에서 상환방법, 대출원금, 대출기간, 대출금리 등을 입력하면 월 원리금상환액을 계산할 수 있습니다.

3억 원의 대출금을 30년(360개월) 동안 매월 같은 금액의 원리금(원금+이자)을 연 3.35% 이율로 갚아나가는 방식을 입력하고 계산 버튼을 누른 결과 월 132만 원의 원리금을 갚아야 한다는 결과가 나왔습니다. 원금은 1개월차 48만 원에서 360개월차 132만 원으로 점차 증가하고 이자는 84만 원에서 3,670원으로 감소합니다.

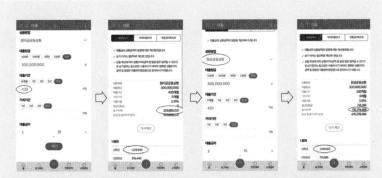

대출기간을 30년(360개월)에서 35년(420개월)로 고쳐 다시 계산해본 결과 월 원리금이 만기 30년 기준 132만 원에서 만기 35년 기준 121만 원으로 감소했습니다. 대신 총이자액이 1억 7,597만 원에서 2억 986만 원으로 늘어났음을 알 수 있습니다. 원금을 천천히 갚기 때문에 그만큼 대출기간에 내야 할 총이자액이 늘어나는 것입니다. 매월 동일한 금액의 원금을 갚아나가는 '원금균등' 분할상환방식으로 계산한 결과 1회차 월 원리금이 154만 원으로 늘어났습니다. 이처럼 초기 원리금 상환 부담이 높은 대신 이자가 빠른 속도로 줄어들어 총이자액은 1억 7,628만 원으로 크게 감소합니다.

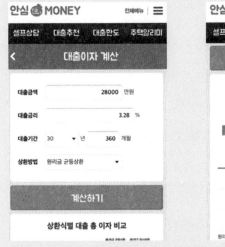

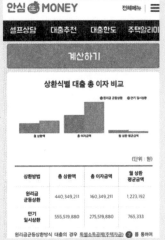

주택금융공사와 금융위원회에서 운영하는 '안심주⋔머니' 앱에서는 대출원금과 대출기간, 상환방법, 연이율에 따른 총이자액뿐 아니라 월 상환 평균금액도 찾아볼 수 있습니다.

## 8

## [약한 규제지역 곱셈전략 1]
# 억대 연봉이나 6억 원 초과 아파트
## 아니면 LTV 70%

우리가 흔히 '일산', '삼송', '지축'이라고 부르는 경기도 고양시 일대
와 남양주시, 분당구(이른바 '분당', '판교')를 제외한 성남시, 구리시, 용
인과 수원 일부 지역에 걸쳐 있는 광교, 부산광역시 해운대구를 비롯
한 일부 자치구를 '조정대상지역(또는 청약조정대상지역)'이라 하는데
이 책은 '약한 규제지역'이라고 통칭합니다. (투기과열지구나 투기지역
등 강한 규제지역도 넓은 의미의 조정대상지역입니다. 이 장에서 설명하는 지
역은 정확히는 투기지역은 물론 투기과열지구도 아닌 조정대상지역입니다.)

이 지역의 LTV 규제비율은 70%와 60% 중 하나입니다. LTV 70%가
가능하려면 58페이지 표의 요건 중 하나를 만족해야 합니다.

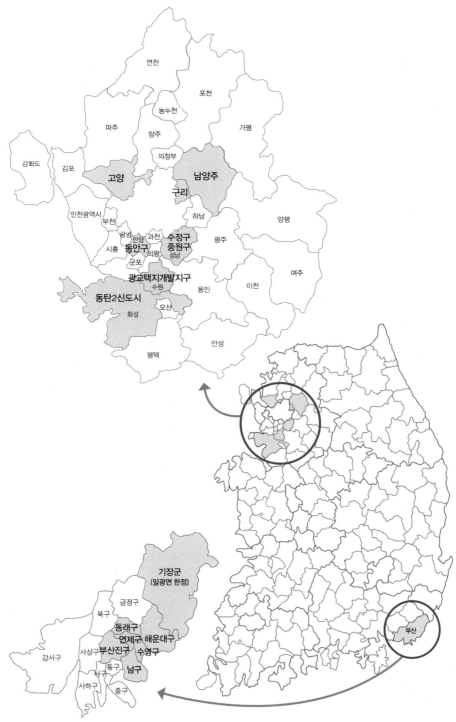

연천

| 요건 구분 | 부부 연봉 요건 | 집값 요건 | 무주택 요건 |
|---|---|---|---|
| 조정대상지역<br>서민·실수요자 요건 | 7,000만 원 이하(생애최초주택 구입자)<br>6,000만 원 이하(주택 구입 유경험자) | 5억 원<br>이하 | 무주택자 한정<br>(1주택자 제외) |
| 보금자리론실<br>수요자 요건 | 7,000만 원 이하(주택 구입 경험 무관) | | |
| 디딤돌대출<br>신청 요건 | 7,000만 원 이하(생애최초 또는 신혼 또는<br>2자녀 이상)<br>6,000만 원 이하(기타) | | |

2017년 6·19 대책에 따라 경기도 고양시 등의 기본 LTV가 60%로 정해지면서 이런 '조정대상지역'에도 서민·실수요자 요건이 생겼습니다. ① 집값 5억 원 이하 ② 부부 연봉 7,000만 원(주택 구입 유경험자는 6,000만 원) 이하 ③ 무주택자 등 세 가지 '조정대상지역 서민·실수요자' 요건을 만족하면 70%의 LTV를 적용받을 수 있습니다. (집값 요건이 6억 원 이하이고 부부 연봉 요건이 8,000만 원(주택 구입 유경험자는 7,000만 원) 이하인 강한 규제지역 기준 서민·실수요자보다 엄격합니다. 고양시 등 약한 규제지역 집값이 서울 등 강한 규제지역보다는 저렴하기 때문입니다.)

이는 디딤돌대출이나 보금자리론 같은 정책모기지를 이용하든 민간 주택담보대출 상품을 이용하든 마찬가지로 적용됩니다. 디딤돌대출은 대출한도가 2억~2억 4,000만 원 이하로, 보금자리론은 3자녀 가구가 아닌 이상 3억 원으로 각각 제한되기 때문에 넉넉하지 않은 보유자산으로 LTV 70% 상황을 활용하려면 조정대상지역 서민·

실수요자 요건을 만족하는 게 유리합니다. 마찬가지 이유로 보금자리론 실수요자 요건과 디딤돌대출 신청 요건을 각각 만족할 경우 대출한도가 상대적으로 높은 보금자리론을 활용하는 게 디딤돌대출을 받는 것보다 많은 대출을 받아 더 통근·주거 여건이 좋은 아파트를 구입할 수 있습니다. (디딤돌대출 신청 요건은 보금자리론 실수요자 요건의 부분집합이라 디딤돌대출 신청 자격이 되는 분들은 모두 보금자리론 실수요자 요건에 부합해 LTV 70%의 대출을 받을 수 있습니다.)

1억 4,000만 원 이상을 들고 4억 6,666만 원 이상 아파트를 구입하는 경우 보금자리론을 이용할 수 없습니다. 3억 원 이상(3억 2,666만 원 이상)의 주택담보대출이 필요한데 보금자리론의 물리적 한

**연봉 7,000만 원 이하인 생애최초주택 구입자들의**
**약한 규제지역 내 집 마련 자금조달 시나리오**

| 보유자산 | 구입 가능 아파트 가격 | 주택담보대출 (LTV 70%) | 비고 |
|---|---|---|---|
| 9,000만 원 | 3억 원 | 2억 1,000만 원 | 디딤돌대출 (보금자리론 불필요) |
| 8,000만 원 | 2억 6,666만 원 | 1억 8,666만 원 | |
| 1억 1,000만 원 | 3억 6,666만 원 | 2억 5,666만 원 | 보금자리론 |
| 1억 2,000만 원 | 4억 원 | 2억 8,000만 원 | |
| 1억 2,857만 원 | 4억 2,857만 원 | 3억 원 | |
| 1억 4,000만 원 | 4억 6,666만 원 | 3억 2,666만 원 | 민간 주택담보대출[1] |
| 1억 5,000만 원 | 5억 원 | 3억 5,000만 원 | |

\* 생애최초주택 구입자는 아니지만 연봉이 6,000만 원 이하인 경우도 동일합니다.

1 3억 원 초과 주택담보대출이 필요하기 때문에 보금자리론이나 디딤돌대출이 아닌 민간 주택담보대출을 이용해야 해당 금액의 주택담보대출을 받을 수 있습니다.

도가 3억 원 이하로 제한돼 있기 때문입니다. 삼둥이 가족의 경우 보금자리론 한도가 4억 원으로 올라가기 때문에 시나리오가 다음과 같이 달라집니다.

**삼둥이 워킹맘 1억 5,000만 원 들고 5억 원 아파트 구입 시나리오**

| 보유자산 | 구입 가능<br>아파트 가격 | 주택담보대출<br>(LTV 70%) | 월 원리금상환액<br>(첫 달 이자~마지막 달 이자) |
|---|---|---|---|
| 1억 원 | 3억 3,333만 원 | 2억 3,333만 원 | 96만 원<br>(약 96만 원~2,264원) |
| 1억 2,000만 원 | 4억 원 | 2억 8,000만 원 | 114만 원<br>(약 65만 원~2,696원) |
| 1억 3,000만 원 | 4억 3,333만 원 | 3억 333만 원 | 125만 원<br>(약 71만 원~2,920원) |
| 1억 4,000만 원 | 4억 6,666만 원 | 3억 2,666만 원 | 135만 원<br>(약 76만 원~3,145원) |
| 1억 5,000만 원 | 5억 원 | 3억 5,000만 원 | 144만 원<br>(약 81만 원~3,370원) |

* 보금자리론 연이율 2.83% 기준. 만기 30년 순수고정금리. 원리금균등 분할상환방식. 원리금상환액 등은 반올림. 2018년 11월 19일 대출 실행 및 매월 19일 원리금 납입 가정. 보금자리론 금리는 부부합산 소득이 6,000만 원 이하일 경우 3자녀 이상 가구(다자녀가구)에 대한 추가 우대금리(−0.40%포인트)가 적용되는 것을 가정.

## 9

[약한 규제지역 곱셈전략 2]

# LTV 60% 경우
# 보유자산×2.5=아파트 가격 한도

디딤돌대출 요건, 보금자리론 요건, 조정대상지역 서민·실수요자 요건 중 어느 하나도 충족하지 못하는 경우 경기도 고양시, 남양주시 일대(약한 규제지역=조정대상지역) 아파트 구입자들에게 적용되는 LTV는 60%입니다. 이 기준으로 보유자산별 구입 가능 집값 한도와 대출금액 시나리오를 살펴보겠습니다. 이 지역에서 구입 가능 아파트 가격 한도는 보유자산의 2.5배입니다. 주택 구입 경험이나 자녀 유무, 신혼 여부 등과 무관하게 적용됩니다.

**부부 연봉 8,600만 원 무자녀 신혼부부 고양시 아파트 구입 시나리오**

| 보유자산 | 구입 가능 아파트 가격 | 주택담보대출(LTV 60%) |
|---|---|---|
| 5,000만 원 | 1억 2,500만 원 | 7,500만 원 |
| 1억 원 | 2억 5,000만 원 | 1억 5,000만 원 |
| 1억 5,000만 원 | 3억 7,500만 원 | 2억 2,500만 원 |
| 2억 원 | 5억 원 | 3억 원 |
| 2억 5,000만 원 | 6억 2,500만 원 | 3억 7,500만 원 |
| 3억 원 | 7억 5,000만 원 | 4억 5,000만 원 |

## 연봉만큼 신용대출 받아 통근시간 앞당기기

KB국민은행 '월간 KB주택 가격동향'에 따르면, 2018년 11월 기준 서울의 아파트 평균 매매가격은 8억 1,343만 원, 경기도와 인천을 포함한 수도권은 5억 124만 원입니다. 서울의 아파트를 가격순으로 줄을 세웠을 때 중간에 있는 아파트 가격인 중위가격은 8억 4,883만 원이고 수도권 전체로 보면 이 가격은 5억 314만 원입니다.

10가구 중 6가구꼴인 유주택 가구 대열에 합류하고 싶은데 낮은 LTV가 너무 야속하기만 합니다. 연봉 7,000만 원 이하 무주택자는 서울에서도 시세의 70% 대출을 받아 5억 원 이하 아파트를 살 수 있다고 하지만 연봉이나 사고 싶은 아파트 시세가 이 기준을 넘어섭니다. 더 이상 아낄 수 없는 수준까지 아껴도 돌아오는 전세 만기까지 부족한 돈을 마련할 수 있을지 앞날이 캄캄합니다. 외곽의 낡은 아파트로 들어가자니 통근시간은 물론 이따금 지출될 택시비 생각에 결심이 서질 않습니다.

최근 대출규제 강화로 작게는 KB시세의 40%에 불과한 주택담보대출만으로 원하는 아파트 구입이 어려워졌습니다. 갚을 수 있는 범위의 신용대출로 구입 가능 아파트 가격대를 높이는 전략을 소개하지 않을 수 없는 이유입니다. 주택담보대출과 신용대출을 합친 총대출이 갚을 수 있는 대출인지는 별도의 장에서 상세히 다루겠지만, 결론부터 말씀드리면 규제지역 LTV를 충족하는 주택담보대출과 부부 연봉 이내의 신용대출은 정부나 국제기준이 권고하는 적정 비율(소득 대비 원리금상환액 비율) 범위에 충분히 들어갑니다.

신용대출한도는 통상 연봉의 1~1.5배 범위에서 빌리는 분의 신용도와 직장 규모, 직종을 감안해 책정되는데 여기서는 보수적으로 연봉만큼 신용대출한도가 나온다고 가정하겠습니다. (이름난 직장을 다니는 고액 연봉자라도 사업장 규모가 지나치게 작은 경우 한도가 연봉의 100% 이하로 나올 수 있습니다.)

이제 자녀가 없는 합산 연봉 6,500만 원인 결혼 4년차 신혼부부(무주택자)의 최대 6,500만 원 신용대출을 활용한 서울 아파트 구입 시나리오를 살펴보겠습니다.

복습 삼아 이 부부의 구간별 LTV를 간단히 요약해보겠습니다. 먼저 연봉 7,000만 원 이하라 5억 원 이하 아파트까지 '보금자리론 실수요자' 자격을 충족합니다. 따라서 아파트 가격이 5억 원을 넘기 전까지는 최대 70%(60% 초과 70% 이하)의 LTV를 적용받을 수 있습니다. 아파트 가격이 5억 원을 초과하더라도 6억 원 이하라면 대출 한도가 3억 원 이하라는 전제하에 최대 60% LTV를 적용받습니다. 집값이 5억 원을 넘기 때문에 '보금자리론 실수요자 요건'은 충족하지 않지만 보금자리론 대출 자격 자체는 충족합니다. 보금자리론 대출 자격만 충족해도 서울에서 60%의 LTV를 받을 수 있습니다. 아파트 가격이 6억 원을 초과하면서부터는 40%라는 강한 규제지역 기본 LTV 비율이 적용됩니다.

65페이지 표에서 볼 수 있듯 보유자산에 6,500만 원의 신용대출을 보탠 이른바 '가용자산'에 3.33…(LTV 70%)이나 2.5(LTV 60%), 1.66…(LTV 40%) 등 일정한 배수를 곱하면 구입 가능 아파트 한도가 나옵니다. (사례의 부부는 ① 집값 6억 원 이하 ② 부부 연봉 8,000만 원 이하(주택 구입 유경험자는 7,000만 원) ③ 무주택자 등 세 가지 요건을 만족하는 '투기과열지구 서민·실수요자' 자격도 갖고 있습니다. 투기과열지구 서민·실수요자는 LTV 한도가 40%에서 '40% 초과 50% 이하'로 올라갑니다. 하지만 이 경우는 투기과열지구 서민·실수요자에 따른 특별한 혜택은 없습니다. LTV 한도를 60%까지 높여주는 보금자리론 이용 자격 자체의 혜택이 더 크기 때문입니다.)

6,357만 원만 들고 있어도 6,500만 원의 신용대출과 LTV 70%에 해당하는 3억 원의 보금자리론을 받아 4억 2,857만 원짜리 서울 아파트를 살 수 있습니다. 신용대출을 받지 않는다고 하면 구입 가능 아파트 가격 한도는 2억 1,190만 원으로 제한됩니다. 아파트 가격 3억 원까지는 금리가 저렴한 디딤돌대출만으로 주택담보대출을 받을 수 있습니다. (3억 원 초과 3억 1,429만 원 이하 아파트의 경우 보금자리론을 받아야 대출금액을 최고 2억 2,000만 원(LTV 70%)까지 높일 수 있습니다. 3억원 초과 아파트의 경우 디딤돌대출은 대출한도에서 최대 3,700만 원(서울 기준)을 차감하지만, 보금자리론은 이런 차감이 없기 때문입니다.)

보유자산이 6,357만 원을 초과하면서부터 LTV가 70%를 밑돌기 시작합니다. 가령 보유자산 7,500만 원에 신용대출 6,500만 원을 합친 1억 4,000만 원에 3억 2,222만 원의 주택담보대출을 받아 4억 6,666만 원(1억 4,000만 원×3.3)짜리 아파트를 구입할 수 있을 것 같지만 이렇게는 안 됩니다. 강한 규제지역에서 70%의 LTV를 달성하기 위해서는 보금자리론 실수요자 요건(집값 5억 원 이하, 무주택자, 부부 연봉 7,000만 원 이하)을 만족할 뿐 아니라 보금자리론을 통해 대출을 받는다는 대전제도 충족해야 하기 때문입니다. 3자녀 이상 가구(한도 4억 원)가 아닌 이상 보금자리론의 한도는 3억 원입니다. 따라서 보유자산 6,357만 원(아파트 가격 4억 2,857만 원) 초과 1억 3,500만 원(아파트 가격 5억 원) 이하 구간까지는 LTV가 70%에서 60%로 점점 내려갑니다.

보유자산 1억 3,500만 원(가용자산 2억 원, 아파트 가격 5억 원)을 초과하면 LTV가 60%에서 50%를 향해 내려갑니다. 집값이 5억 원을 넘기 때문에 LTV가 60%를 넘을 수 없습니다. 대신 집값이 6억 원 이하이고 대출금액이 3억 원 이하인 범위에서

**자녀가 없는 합산 연봉 6,500만 원인 결혼 4년차 신혼부부(무주택자), 신용대출 최대 6,500만 원 받아 서울 아파트 구입하기 시나리오**

| 보유자산 | 신용대출 | 주택담보대출 전 가용자산(보유자산+신용대출) | 구입 가능 아파트 가격 | 주택담보 대출금액 | 적용 LTV | 비고 |
|---|---|---|---|---|---|---|
| 2,000만 원 | 6,500만 원 | 8,500만 원 | 2억 8,333만 원 | 1억 9,833만 원 | 70.0% | 디딤돌대출로 전액 실행 |
| 3,500만 원 | 6,500만 원 | 1억 원 | 3억 3,333만 원 | 2억 3,333만 원 | 70.0% | |
| 4,357만 원 | 6,500만 원 | 1억 857만 원 | 3억 6,190만 원 | 2억 5,333만 원 | 70.0% | |
| 5,000만 원 | 6,500만 원 | 1억 1,500만 원 | 3억 8,333만 원 | 2억 6,833만 원 | 70.0% | |
| 6,357만 원 | 6,500만 원 | 1억 2,857만 원 | 4억 2,857만 원 | 3억 원 | 70.0% | |
| 6,500만 원 | 6,500만 원 | 1억 3,000만 원 | 4억 3,000만 원 | 3억 원 | 69.8% | 디딤돌대출+ 보금자리론 |
| 7,500만 원 | 6,500만 원 | 1억 4,000만 원 | 4억 4,000만 원 | 3억 원 | 68.2% | |
| 1억 원 | 6,500만 원 | 1억 6,500만 원 | 4억 6,500만 원 | 3억 원 | 64.5% | |
| 1억 2,500만 원 | 6,500만 원 | 1억 9,000만 원 | 4억 9,000만 원 | 3억 원 | 61.2% | (←보금자리론 실수요자 요건 충족에 따른 LTV 70~60% 혜택 종료) |
| 1억 3,500만 원 | 6,500만 원 | 2억 원 | 5억 원 | 3억 원 | 60.0% | |

| 보유자산 | 신용대출 | 주택담보대출 전 가용자산(보유자산+신용대출) | 구입 가능 아파트 가격 | 주택담보 대출금액 | 적용 LTV | 비고 |
|---|---|---|---|---|---|---|
| 1억 5,000만 원 | 6,500만 원 | 2억 1,500만 원 | 5억 1,500만 원 | 3억 원 | 58.3% | |
| 1억 7,500만 원 | 6,500만 원 | 2억 4,000만 원 | 5억 4,000만 원 | 3억 원 | 55.6% | |
| 1억 8,500만 원 | 6,500만 원 | 2억 5,000만 원 | 5억 5,000만 원 | 3억 원 | 54.5% | |
| 1억 9,000만 원 | 6,500만 원 | 2억 5,500만 원 | 5억 5,500만 원 | 3억 원 | 54.1% | |
| 2억 원 | 6,500만 원 | 2억 6,500만 원 | 5억 6,500만 원 | 3억 원 | 53.1% | 보금자리론 |
| 2억 3,500만 원 | 6,500만 원 | 3억 원 | 6억 원 | 3억 원 | 50.0% | |
| 2억 4,000만 원 | 6,000만 원 | 3억 원 | 6억 원 | 3억 원 | 50.0% | |
| 2억 5,000만 원 | 5,000만 원 | 3억 원 | 6억 원 | 3억 원 | 50.0% | (←보금자리론 자격 충족에 따른 LTV 60~50% 혜택 종료) |
| 2억 9,500만 원 | 500만 원 | 3억 원 | 6억 원 | 3억 원 | 50.0% | |
| 3억 원 | 6,500만 원 | 3억 6,500만 원 | 6억 833만 원 | 2억 4,333만 원 | 40.0% | |
| 3억 5,000만 원 | 6,500만 원 | 4억 1,500만 원 | 6억 9,167만 원 | 2억 7,667만 원 | 40.0% | 민간 주택담보 대출 또는 적격대출 |
| 4억 원 | 6,500만 원 | 4억 6,500만 원 | 7억 7,500만 원 | 3억 1,000만 원 | 40.0% | |
| 4억 5,000만 원 | 6,500만 원 | 5억 1,500만 원 | 8억 5,833만 원 | 3억 4,333만 원 | 40.0% | |
| 4억 7,500만 원 | 6,500만 원 | 5억 4,000만 원 | 9억 원 | 3억 6,000만 원 | 40.0% | |
| 5억 원 | 6,500만 원 | 5억 6,500만 원 | 9억 4,167만 원 | 3억 7,667만 원 | 40.0% | 민간 주택담보 대출 (적격대출 불가) |

60~50%의 LTV를 적용받을 수 있습니다.

1억 8,500만 원의 보유자산에 6,500만 원의 신용대출을 보태면 가용자산은 2억 5,000만 원입니다. LTV 60% 구간이니 가용자산에 2.5를 곱해 6억 2,500만 원짜리 아파트를 구입할 수 있을 것 같지만 불가능합니다. 3억 7,500만 원의 보금자리론이 안 되기 때문입니다(3자녀 이상 가구는 가능합니다). 보금자리론이 아닌 적격대출이나 민간 주택담보대출로는 가능하지 않느냐는 반문이 가능한데 대답은 '아니오'

입니다. 보금자리론을 실행한다는 전제로 60%(50% 초과 60% 이하) LTV가 가능해지는 것이기 때문입니다.

2억 3,500만 원을 들고 6,500만 원 신용대출과 3억 원의 보금자리론을 빌려 6억 원의 아파트를 구입하는 구간까지 LTV가 60~50% 범위를 오갑니다.

2억 3,500만 원보다 보유자산이 많은 경우 신용대출이 6,500만 원까지 필요하지 않습니다. 2억 5,000만 원의 보유자산이 있는 경우 6,500만 원의 신용대출을 받으면 가용자산이 3억 1,500만 원입니다.

보금자리론 이용에 따른 LTV 60%(가용자산×2.5=구입 가능 아파트 가격)나 강한 규제지역 서민·실수요자 요건에 따른 LTV 50%(가용자산×2.0=구입 가능 아파트 가격)로 계산하면 각각 구입 가능 아파트 가격이 7억 8,750만 원, 6억 3,000만 원으로 나옵니다. 6억 원을 초과하니 LTV 60%, 50% 자격이 상실됩니다. LTV 40%(가용자산×1.66…) 기준으로 계산하면 구입 가능 아파트 가격 한도가 5억 2,500만 원에 불과합니다. 3억 원의 보금자리론을 빌려 6억 원짜리 아파트를 구입하는 게 이득입니다. 주택담보대출을 제외한 필요금액은 3억 원입니다. 2억 5,000만 원의 보유자산이 있으니 신용대출은 5,000만 원만 있으면 됩니다. 6,500만 원의 신용대출을 받고 2억 8,500만 원의 보금자리론을 받아도 됩니다. 하지만 신용대출보다 보금자리론 등 주택담보대출을 조금이라도 더 받는 게 금리 혜택이나 안정성 면에서 유리하기 때문에 3억 원의 보금자리론을 받고 신용대출은 5,000만 원만 받는 게 대개의 경우 정답입니다. (신용도가 굉장히 높아 신용대출 금리가 보금자리론보다 현저히 저렴하거나, 2% 중반대의 회사 자체 대출이 가능한 경우는 신용대출을 더 많이 받는 방식이 유리할 수 있습니다.)

보유자산이 2억 9,500만 원을 초과하면, 즉 구입 가능 아파트 가격 한도가 6억 원을 초과하면 LTV 비율이 40%로 10%포인트 떨어집니다. (LTV가 40%를 초과하되 50% 미만인 구간은 이 사례에서는 발생하지 않습니다. 강한 규제지역 서민·실수요자만의 혜택이 따로 존재할 수 없기 때문입니다. 강한 규제지역 서민·실수요자 혜택(LTV 50~40%)을 받을 수 있는 경우는 모두, 더 혜택이 좋은 보금자리론 자체의 혜택(LTV 60%, 아파트 가격 6억 원 이하, 대출금 3억 원 이하)을 받을 수 있기 때문입니다.) 여기서부터는 보유자산과 신용대출을 합친 금액(가용자산)에 1.66…을 곱한 금액이 구입

| 보유자산 | 신용대출 | 주택담보대출 전 가용자산(보유 자산+신용대출) | 구입 가능 아파트 가격 | 주택담보 대출금액 | 적용 LTV | 비고 |
|---|---|---|---|---|---|---|
| | | **부부 연봉 7,800만 원 주택 구입 경험 없는 외동딸 둔 결혼 6년차 부부 신용대출 7,800만 원 활용해 서울 아파트 구입 시나리오** | | | | |
| 2,000만 원 | 7,800만 원 | 9,800만 원 | 2억 4,500만 | 1억 4,700만 원 | 60.0% | |
| 3,500만 원 | 7,800만 원 | 1억 1,300만 원 | 2억 8,250만 원 | 1억 6,950만 원 | 60.0% | |
| 5,000만 원 | 7,800만 원 | 1억 2,800만 원 | 3억 2,000만 원 | 1억 9,200만 원 | 60.0% | |
| 6,500만 원 | 7,800만 원 | 1억 4,300만 원 | 3억 5,750만 원 | 2억 1,450만 원 | 60.0% | |
| 7,500만 원 | 7,800만 원 | 1억 5,300만 원 | 3억 8,250만 원 | 2억 2,950만 원 | 60.0% | |
| 1억 원 | 7,800만 원 | 1억 7,800만 원 | 4억 4,500만 원 | 2억 6,700만 원 | 60.0% | |
| 1억 2,200만 원 | 7,800만 원 | 2억 원 | 5억 원 | 3억 원 | 60.0% | |
| 1억 3,500만 원 | 7,800만 원 | 2억 1,300만 원 | 5억 1,300만 원 | 3억 원 | 58.5% | 보금자리론 (디딤돌대출 불가) |
| 1억 5,000만 원 | 7,800만 원 | 2억 2,800만 원 | 5억 2,800만 원 | 3억 원 | 56.8% | |
| 1억 6,000만 원 | 7,800만 원 | 2억 3,800만 원 | 5억 3,800만 원 | 3억 원 | 55.8% | |
| 1억 7,500만 원 | 7,800만 원 | 2억 5,300만 원 | 5억 5,300만 원 | 3억 원 | 54.2% | |
| 2억 원 | 7,800만 원 | 2억 7,800만 원 | 5억 7,800만 원 | 3억 원 | 51.9% | |
| 2억 2,200만 원 | 7,800만 원 | 3억 원 | 6억 원 | 3억 원 | 50.0% | |
| 2억 5,000만 원 | 5,000만 원 | 3억 원 | 6억 원 | 3억 원 | 50.0% | |
| 2억 6,000만 원 | 4,000만 원 | 3억 원 | 6억 원 | 3억 원 | 50.0% | |
| 2억 7,500만 원 | 2,500만 원 | 3억 원 | 6억 원 | 3억 원 | 50.0% | |
| 2억 8,200만 원 | 1,800만 원 | 3억 원 | 6억 원 | 3억 원 | 50.0% | |
| 2억 8,500만 원 | 7,800만 원 | 3억 6,300만 원 | 6억 500만 원 | 2억 4,200만 원 | 40.0% | 적격대출 또는 민간주택 담보대출 |
| 3억 원 | 7,800만 원 | 3억 7,800만 원 | 6억 3,000만 원 | 2억 5,200만 원 | 40.0% | |
| 3억 5,000만 원 | 7,800만 원 | 4억 2,800만 원 | 7억 1,333만 원 | 2억 8,533만 원 | 40.0% | |
| 4억 원 | 7,800만 원 | 4억 7,800만 원 | 7억 9,667만 원 | 3억 1,867만 원 | 40.0% | |
| 5억 원 | 7,800만 원 | 5억 7,800만 원 | 9억 6,333만 원 | 3억 8,533만 원 | 40.0% | 민간주택 담보대출 |
| 6억 원 | 7,800만 원 | 6억 7,800만 원 | 11억 3,000만 원 | 4억 5,200만 원 | 40.0% | |

가능 아파트 가격이 됩니다. 보금자리론이 아니라 민간 주택담보대출이나 적격대출을 받아야 필요한 금액을 조달할 수 있습니다. 집값이 9억 원을 넘어서면 적격대출을 받을 수 없고 민간 주택담보대출을 빌려야 합니다.

다음으로 부부합산 연봉 7,800만 원인 주택 구입 경험 없는, 외동딸을 둔 결혼 6년 차 부부의 서울 아파트 구입하기 시나리오를 살펴보겠습니다. 부부 연봉이 7,000만 원을 넘기 때문에 디딤돌대출 자격이 되지 않고, '보금자리론 실수요자 요건'도 충족하지 않아 LTV 70%는 불가능합니다. 허용 가능한 최대 LTV는 60%입니다. 아파트 가격이 6억 원 이하이고 대출금액이 3억 원 이하인 구간까지 보금자리론으로 주택담보대출을 받는다는 전제하에 60% 이하 50% 초과 LTV를 달성할 수 있습니다. 아파트 가격과 대출금이 동일하더라도 보금자리론이 아닌 적격대출이나 민간 주택

**부부 연봉 1억 2,000만 원 신혼부부 3억 원 들고 7억 원 서울 아파트 사기 시나리오**

| 보유자산 | 신용대출 | 주택담보대출 전 가용자산(보유자산+신용대출) | 구입 가능 아파트 가격 | 주택담보 대출금약 | 적용 LTV | 비고 |
|---|---|---|---|---|---|---|
| 1억 원 | 1억 2,000만 원 | 2억 2,000만 원 | 3억 6,667만 원 | 1억 4,667만 원 | 40.0% | |
| 1억 5,000만 원 | 1억 2,000만 원 | 2억 7,000만 원 | (직접 채워보세요) | 1억 8,000만 원 | 40.0% | |
| 2억 원 | 1억 2,000만 원 | 3억 2,000만 원 | 5억 3,333만 원 | 2억 1,333만 원 | 40.0% | 적격대출 또는 민간 주택담보 대출 |
| 2억 5,000만 원 | 1억 2,000만 원 | 3억 7,000만 원 | 6억 1,667만 원 | 2억 4,667만 원 | 40.0% | |
| 3억 원 | 1억 2,000만 원 | 4억 2,000만 원 | 7억 원 | 2억 8,000만 원 | 40.0% | |
| 3억 5,000만 원 | 1억 2,000만 원 | 4억 7,000만 원 | (직접 채워보세요) | (직접 채워보세요) | 40.0% | |
| 4억 원 | 1억 2,000만 원 | 5억 2,000만 원 | 8억 6,667만 원 | 3억 4,667만 원 | 40.0% | |
| 4억 5,000만 원 | 1억 2,000만 원 | 5억 7,000만 원 | 9억 5,000만 원 | 3억 8,000만 원 | 40.0% | |
| 5억 원 | 1억 2,000만 원 | (직접 채워보세요) | (직접 채워보세요) | (직접 채워보세요) | 40.0% | 민간 주택 담보대출 |
| 5억 5,000만 원 | 1억 2,000만 원 | 6억 7,000만 원 | 11억 1667만 원 | 4억 4,667만 원 | 40.0% | |
| 6억 원 | 1억 2,000만 원 | 7억 2,000만 원 | 12억 원 | 4억 8,000만 원 | 40.0% | |

담보대출을 받으면 50% 초과 LTV가 불가능하고 LTV가 50% 이하로 제한됩니다. (생애최초주택 구입자이자 6억 원 이하 아파트를 구입하는 무주택자라 '강한 규제지역 서민·실수요자 요건'을 만족하기 때문에 LTV가 최대 40%에서 최대 50%로 올라갑니다. 하지만 민간 주택담보대출을 굳이 받을 이유가 없고 보금자리론을 통해 50% 초과 60% 이하 LTV를 달성하면 됩니다. 아파트 가격의 50% 이하 주택담보대출만 필요하다고 하더라도 순수고정금리이자 낮은 금리 혜택을 받을 수 있는 보금자리론을 이용하지 않을 이유가 없습니다.)

아파트 가격이 6억 원을 넘어서면 보금자리론 대출 자격이 상실되고 LTV가 40%로 내려갑니다. 구입 가능 아파트 한도는 보유자산과 신용대출을 합한 금액의 1.66…배입니다. 아파트 가격이 9억 이하까지 적격대출과 민간 주택담보대출을 모두 받을 수 있고 9억 원을 넘어가면 민간 주택담보대출을 통해 자금을 마련해야 합니다.

부부 연봉이 보금자리론 소득 요건(원칙 7,000만 원 이하, 1자녀 8,000만 원 이하, 신혼가구+맞벌이 8,500만 원 이하, 2자녀 9,000만 원 이하, 3자녀 이상 1억 원 이하)을 충족하지 않으면 50% 초과 60% 이하 LTV는 불가능합니다. '강한 규제지역 서민·실수요자 요건'(부부 연봉 8,000만 원 이하(주택 구입 유경험자는 7,000만 원 이하)+주택 가격 6억 원 이하+무주택자)을 충족하면 40% 초과 50% 이하 LTV가 가능해 아파트 가격의 50%를 빌릴 수 있지만 이 사례는 여기에도 해당하지 않습니다. 따라서 아파트 가격대와 무관하게 일률적으로 40%의 LTV가 적용됩니다.

강한 규제지역의 기본 LTV는 40%이기 때문에 구입 가능 아파트 가격 한도가 자산의 1.66…배로 제한됩니다. 따라서 부부 연봉에 해당하는 신용대출을 최대한 받아 구입 가능 아파트 가격을 높이는 전략을 진지하게 고민할 만합니다. 1억 2,000만 원의 신용대출을 활용하면 3억 원의 보유자산으로 5억 원이 아니라 7억 원짜리 아파트를 구입할 수 있습니다. 신용대출금액(1억 2,000만 원)의 1.66…배(2억 원)만큼 구입 가능 아파트 가격 한도가 늘어나는 셈입니다.

경기도 성남시 중원구나 남양주시, 고양시 같은 약한 규제지역에서 부부 연봉 9,000만 원으로 보금자리론을 받으려면 자녀가 2명 이상 있어야 합니다. 사례의 1자녀 신혼부부는 보금자리론을 받을 수 없고, 따라서 약한 규제지역 기본 LTV인 60%의 LTV를 적용받습니다. 구입 가능 아파트 가격은 보유자산과 신용대출을 합

**부부 연봉 9,000만 원인 1자녀 신혼부부 약한 규제지역 신용대출 시나리오**

| 보유자산 | 신용대출 | 주택담보대출 전 가용자산(보유 자산+신용대출) | 구입가능 아파트 가격 | 주택담보 대출금액 | 적용 LTV | 적격대출 가능 여부 |
|---|---|---|---|---|---|---|
| 1억 원 | 9,000만 원 | 1억 9,000만 원 | 4억 7,500만 원 | 2억 8,500만 원 | 60.0% | 가능 |
| 1억 5,000만 원 | 9,000만 원 | 2억 4,000만 원 | 6억 원 | 3억 6,000만 원 | 60.0% | 가능 |
| 2억 원 | 9,000만 원 | (직접 채워보세요) | (직접 채워보세요) | (직접 채워보세요) | 60.0% | 가능 |
| 2억 5,000만 원 | 9,000만 원 | 3억 4,000만 원 | 8억 5,000만 원 | 5억 1,000만 원 | 60.0% | (직접 채워 보세요) |
| 3억 원 | 9,000만 원 | 3억 9,000만 원 | (직접 채워보세요) | (직접 채워보세요) | 60.0% | (직접 채워 보세요) |

친 가용자산의 2.5배입니다. 약한 규제지역 서민·실수요자 요건을 충족하면 LTV가 70%로 올라가는데 이 요건의 부부 연봉 요건은 7,000만 원(주택 구입 유경험자는 6,000만 원) 이하라 보금자리론보다 엄격합니다.

### 신용대출, 미리 받아두자

신용대출은 구입할 아파트를 결정하기 이전은 물론 아파트 자체를 구입할지 고민하는 시점에 미리 대출한도를 은행에서 조회해보는 게 좋습니다. 동원할 수 있는 신용대출한도를 알아야 구입 가능 아파트 가격대가 나오기 때문입니다. 맞벌이 부부라면 부부가 각각 신용대출한도를 은행에서 조회해보시기 바랍니다.

내 가능성(한계)이 어디까지인지 아는 게 모든 선택의 대전제이기 때문입니다. 조회만 하고 실제로 받지 않아도 됩니다. 원천징수영수증이나 재직증명서를 발급받아 시중은행 창구를 방문하는 게 번거롭다면 카카오뱅크나 케이뱅크 같은 인터넷전문은행에서 서류 발급 없이 1시간 이내에 한도를 조회해볼 수 있습니다. 실제 신용대출은 다른 은행에서 받아도 됩니다.

아파트를 특정하지 않았더라도 아파트를 구입하기로 가닥을 잡았다면(고심 끝에 사지 않을 가능성 포함), 일단 신용대출을 받아두시기 바랍니다.

대개 보유자산은 전세보증금 등으로 묶여 있고 주택담보대출은 아파트 실제 입주일에 실행되기 때문입니다. 아파트 가격의 10%에 해당하는 계약금이나 중도금을 낼 만한 별도의 현금성 자산(예금, 적금 등)을 충분히 갖고 있지 못한 경우가 태반입니다. 또한 입주(잔금일)가 임박한 시점에 주택담보대출과 신용대출을 동시에 신청할 경우 신용대출이 거절당하거나 주택담보대출한도가 줄어들 수 있습니다. 따라서 신용대출은 주택 구입을 염두에 둔 시점에 연봉의 1~1.5배 범위에서 은행 등이 허용하는 범위 내 '생활긴급자금' 등의 명목으로 최대한 받아두는 게 좋습니다.

## 마이너스통장을 받을까, 일반 신용대출을 받을까

주택 구입을 염두에 두고 있지만 당장 구입할지 종잡을 수 없는 경우 마이너스통장 방식 신용대출을 받는 게 좋습니다. 특히 '잔금(입주) 시점에 주택담보대출을 받고 전세보증금까지 빼게 되면 대부분의 신용대출을 상환할 수 있는 경우'는 더욱 그렇습니다. 일반 신용대출보다 금리가 많게는 연 0.5%포인트가량 높은 대신, 대출금의 최대 1.4%가량 부과되는 중도상환수수료 부담이 없는 데다 사용하지 않으면 이자가 발생하지 않습니다.

반면 신용대출 전액이나 대부분의 금액을 주택 구입에 소진해야 하는 경우라면 금리가 낮은 일반 신용대출을 받길 추천합니다. 참고로 카카오뱅크 신용대출의 경우 일반 신용대출의 중도상환수수료가 없고 마이너스통장 방식을 선택하는 데 따른 가산금리가 상대적으로 작습니다.

### 신용대출 유형 및 장단점

| 구분 | 상환 방식 | 중도상환수수료 | 가산금리 | 한도 |
|---|---|---|---|---|
| 일반 신용 대출 | 1년 만기 일시상환 (10년까지 계약 연장) | 주로 부과 (최대 0.5%안팎) | 없음 | 다소 높은 편 (분할상환>일시상환) |
| | 3~5년 만기 분할상환 | | | |
| 마이너스 통장 | 1년 만기 일시상환 (10년까지 계약 연장) | 없음 | 주로 가산 (0.5%포인트 내외) | 다소 낮은 편 |

### [비규제지역 곱셈전략]:

# 소득, 집값 무관하게
# 집값의 70% 주택담보대출

파주시, 김포시 등 경기도 외곽지역과 인천광역시(송도 포함), 세종특별자치시 조치원읍, 기타 지방 대부분 지역에서는 70%의 LTV가 적용됩니다. 소득수준이나 집값, 자녀 유무(자녀수), 주택 구입 경험과 무관하게 같은 LTV가 적용됩니다. 이 경우에도 디딤돌대출, 보금자리론 대출 자격을 충족할 경우 상대적으로 금리 혜택이 낫고 순수 고정금리가 적용되는 두 정책모기지를 받을 수 있다는 점을 십분 활용하시길 바랍니다. 신용대출을 이용할 때 주택담보대출 이전 가용자산(보유자산+가용자산)이 늘어나 구입 가능 아파트 가격 역시 74페이지 표(아래)와 같이 늘어납니다.

## 부부 연봉 9,000만 원 2자녀 부부의 비규제지역 빚내서 집 사기 시나리오

| 보유자산 | 구입 가능 아파트 가격(A) | 주택담보대출 | 비고 |
|---|---|---|---|
| 5,000만 원 | 1억 6,666만 원 | 1억 1,666만 원 | 보금자리론 가능 |
| 8,000만 원 | 2억 6,666만 원 | 1억 8,666만 원 | |
| 1억 원 | 3억 3,333만 원 | 2억 3,333만 원 | |
| 1억 2,858만 원 | 4억 2,858만 원 | 3억 원 | |
| 1억 5,000만 원 | 5억 원 | 3억 5,000만 원 | 민간 주택담보대출 이용 필수 |
| 2억 원 | 6억 6,666만 원 | 4억 6,666만 원 | |
| 2억 5,000만 원 | 8억 3,333만 원 | 5억 8,333만 원 | |
| 3억 원 | 10억 원 | 7억 원 | |

## 부부 연봉 9,000만 원 2자녀 부부, 신용대출 4,000만 원 활용해 비규제지역 빚내서 집 사기 시나리오

| 보유자산 | 주택담보대출 이전 가용자산 (보유자산+4,000만 원) | 구입 가능 아파트 가격 (A+1억 3,333만 원[1]) | 주택담보대출 | 비고 |
|---|---|---|---|---|
| 5,000만 원 | 9,000만 원 | 3억 원 | 2억 1,000만 원 | 보금자리론 가능 |
| 8,500만 원 | 1억 2,500만 원 | 4억 1,666만 원 | 2억 9,166만 원 | |
| 1억 원 | 1억 4,000만 원 | 4억 6,666만 원 | 3억 2,666만 원 | 민간 주택담보대출 또는 적격대출 이용 필수[2] |
| 1억 2,858만 원 | 1억 6,858만 원 | 5억 6,193만 원 | 3억 9,335만 원 | |
| 1억 5,000만 원 | 1억 9,000만 원 | 6억 3,333만 원 | 4억 4,333만 원 | |
| 2억 원 | 2억 4,000만 원 | 8억 원 | 5억 6,000만 원 | 민간 주택담보대출 이용 필수 |
| 2억 5,000만 원 | 2억 9,000만 원 | 9억 6,666만 원 | 6억 7,666만 원 | |
| 3억 원 | 3억 4,000만 원 | 11억 3,333만 원 | 7억 9,333만 원 | |

1 1억 3,333만 원=4,000만 원×3.33…
2 적격대출은 집값 기준 9억 원 이하, 그리고 대출금액 기준 5억 원 이하 각각 충족해야 이용 가능.

# 가족 간 증여와 대출

보유자산(전세금, 예·적금 등)만으로 원하는 아파트 구입에 어려움을 겪을 때 신용대출로 구입 가능 아파트 가격을 높일 수 있다고 말씀드렸습니다. 신용대출뿐 아니라 가족 간 증여나 대출을 통해서도 가용자산(보유자산+신용대출+가족 간 증여 또는 대출)을 늘려 구입 가능 아파트 가격을 높일 수 있습니다.

가족 간 증여나 대출을 통해 확보된 자산이 존재한다는 이유로 은행의 대출한도 산정에 어떠한 악영향도 발생하지 않습니다. 가족 간 대출은 금융회사 대출이 아니라 소득심사에 영향을 주지 않습니다. 갚아야 하는 대출인 것은 맞으니 소득범위에서 실제로 갚을 수 있는 빚인지 판단하는 것은 물론 필요합니다.

아파트 구입 시기나 구입 대상을 선택할 때 어떠한 방해도 받지 않고 결단을 내리고 싶다면 부부가 아닌 다른 가족의 도움을 받는 것을 추천하고 싶지 않습니다. 배는 사공이 많으면 산으로 가는 데 그치지만 내 집 마련은 사공이 많으면 아예 진도가 나가지 못하는 경우를 숱하게 봤습니다.

하지만 내 집 마련 실수요자의 합리적인 선택을 존중해주는 차원에서 부모님 등 가족의 증여나 대출 길이 열려 있다면 무작정 마다할 이유는 없습니다. 다음에서 살펴보겠지만 일정한 이자를 지급하는 방식으로 합법적인 범위에서 충분한 보상을 하는 길이 열려 있습니다. 부모·자식 간 증여의 경우 5,000만 원까지 증여액의 10%인 증여세가 면제되고, 이를 넘어서는 금액은 증여세 부담 없이 개인 간 대출 형태로 처리할 수 있습니다.

가족 간에 현금이나 자산이 오가는 일은 부(富)의 이전에 해당하기 때문에 국가는 '상속세 및 증여세법'에 따라 증여금액(정확히는 증여과세표준=증여가액=증여재산공제)의 10~50%에 해당하는 증여세를 부과합니다. 증여금액 1억 원 이하는 10%, 1억 원 초과 5억 원 이하는 20%, 5억 원 초과 10억 원 이하는 30%, 10억 원 초과 30억 원 이하는 40%, 30억 원 초과는 50%의 증여세를 내야 합니다.

부모님에게 1억 원의 금전적 지원을 받을 경우 방법은 크게 세 가지입니다. 먼저 1억 원 전체를 증여받는 방법입니다. 이 경우 부모(직계존속)의 자식(직계비속)에 대한 증여세 면세한도인 5,000만 원까지는 증여세가 면제되고 나머지 5,000만 원에 대해 500만 원(5,000만 원×10%, 신고세액공제가 없는 경우 가정)의 증여세가 부과됩니다.

증여세는 증여받는 사람(수증자)인 자식이 내야 합니다. 다만 증여세 면세한도는 10년 단위 기준입니다. 5년 전 결혼 당시 전세자금조로 4,000만 원을 이미 받은 상황에서 추가로 5,000만 원을 증여받은 경우 10년 이내에 9,000만 원의 증여가 이뤄진 것이기 때문에 4,000만 원에 대해서는 증여세를 정식으로 납부해야 합니다.

두 번째로 증여세 면세한도까지만 증여를 받고 나머지 5,000만 원은 부모님에게 대출을 받는 방법이 있습니다. 정부가 권고하는 당좌대출 이자율(연이율 4.6%) 수준의 금리 조건으로 다달이 이자만 내고 특정 시점에 원금을 한꺼번에 상환할지 또는 나눠 갚을지 생면부지의 타인과 하듯 금전소비대차계약서를 작성하면 됩니다. 이자율이 정부 권고 이자율보다 현저하게 낮을 경우 그 차액 역시 증여로 보고 과세 대상이 될 수 있다는 점에 유의해야 합니다.

이자나 원리금은 은행 자동이체를 설정하고 통장에 '대출이자'가 기입되게 함으로

### 증여재산 공제한도

| 증여주체 | 공제한도(10년 합산 기준) |
| --- | --- |
| 배우자<br>(법률혼 기준) | 6억 원 |
| 직계존속<br>(부모, 조부모, 외조부모 등) | 5,000만 원<br>(미성년 자녀나 미성년 손자녀가 증여받는 경우 2,000만 원) |
| 직계비속<br>(자녀, 손자녀, 외손자녀) | 5,000만 원 |
| 기타 친족<br>(사실혼 부부, 형제, 며느리,<br>사위 등) | 1,000만 원 |

써 기록을 남겨둡니다. 수상한 금전거래를 이유로 과세당국에서 세무조사를 나왔을 때 합당한 차입(借入) 계약에 따라 이뤄진 금전거래라는 점을 소명할 수 있기 때문입니다. 참고로 형제의 도움을 받는 경우 증여세 면제한도는 1,000만 원입니다. 역시 10년 단위로 한도를 계산합니다.

증여를 받지 않고 1억 원 전액에 대해 금전임대차 계약을 체결하는 것도 방법입니다. 목돈은 있지만 소득이 없는 부모님에게 돈을 빌리고 시중금리 수준의 이자뿐 아니라 별도로 용돈까지 드리는 방식으로 '윈-윈win-win'하는 가족들도 많이 있습니다.

당초 남편 단독명의로 주택을 구입했다가 아내나 처가의 요구에 따라 주택 명의를 부부 공동명의로 바꾸는 경우 증여세 문제에 대해 궁금해하는 분들이 많습니다. 부부간 증여는 증여세 과세한도가 6억 원입니다. 따라서 10억 원짜리 주택 지분 중 50%를 아내에게 증여할 경우 증여세를 내지 않아도 된다고 생각할 수 있습니다. 이 말은 맞습니다. 하지만 증여세와 무관하게 아내는 증여를 통해 부동산을 '취득'하기 때문에 기준시가의 3.8%(전용면적 85㎡ 이하) 또는 4.0%(전용면적 85㎡ 초과)에 달하는 증여취득세를 낸다는 점에 유의해야 합니다. 기준시가는 실제 시세의 50~60% 수준이긴 하지만 증여취득세율이 일반 매매거래의 취득세보다 현저하게 높기 때문에 만만찮은 금액입니다.

# PART 2

# 내 집 마련 중간점검

"영웅이란 보통 사람보다 더 용감한 것이 아니라
보통 사람보다 5분 더 길게 용감할 뿐이다."

– 랄프 왈도 에머슨Ralph Waldo Emerson(1803~1882)

# 디딤돌·보금자리·민간 주담대
## 합동작전 펼쳐라

　5억 원 이하 아파트 구입예정자 중 소득 요건이나 무주택 요건 면에서 디딤돌대출 이용 자격을 갖췄지만 2억 원(신혼부부는 2억 2,000만 원, 2자녀 이상은 2억 4,000만 원)을 웃도는 대출금이 필요한 분들은 디딤돌대출과 보금자리론을 함께 이용하는 이른바 '합동작전'을 통해 최종적인 대출금리를 낮출 수 있습니다. 금리가 연 이율 3%대 초반인 보금자리론만 이용하는 것보다 2%대에서 3% 전후인 디딤돌대출을 함께 이용하는 게 훨씬 합리적인 선택이기 때문입니다.

　생애최초주택 구입자인 연봉 7,000만 원 이하 무주택자이자 구입 아파트 가격 5억 원 이하로서 '보금자리론 실수요자 요건'을 만족합

전세금 1억 2,000만 원 들고 4억 원짜리 서울 도봉구 아파트 사려는
연봉 6,800만 원 결혼 4년차 2자녀 생애최초주택 구입예정 부부의 시나리오

| 구분 | | 금액 | | |
|---|---|---|---|---|
| 보유자산(A) | | 1억 2,000만 원 | | |
| 신용대출(B) | | 이용 안 함 | | |
| 가용자산(C=A+B) | | 1억 2,000만 원 | | |
| 구입 가능 아파트 한도(D=C×3.33) | | 4억 원 | | |
| 주택담보대출(E=D-C=D×0.7) | | 2억 8,000만 원 | | |
| 구분 | | 대출금 | 월평균 원리금 | 30년간 총이자 |
| 디딤돌대출+<br>보금자리론<br>합동작전 | 디딤돌대출(F)<br>연 2.45% | 2억 4,000만 원 | 94만 2,062원 | 9,914만<br>2,548원 |
| | 보금자리론(E-F)<br>연 3.03% | 4,000만 원 | 16만 9,289원 | 2,094만<br>4,035원 |
| | 합계 | 2억 8,000만 원 | 111만 1,351원 | 1억 2,008만<br>6,583원 |
| 보금자리론만 이용 | | 2억 8,000만 원 | 118만 5,026원 | 1억 4,661만<br>9,312원 |
| 민간 주택담보대출만 이용<br>(연 3.26%) | | 2억 8,000만 원 | 122만 114원 | 1억 5,924만<br>1,318원 |
| 디딤돌대출만 이용 | | 불가(대출액 2억 4,000만 원 초과) | | |

\* 생애최초 2자녀 신혼부부(혼인신고 5년 이내) 기준. 보금자리론은 연이율 3.03%, 디딤돌대출은 연이율 2.45% 기준. 민간 주택담보대출은 연이율 3.26%(우리은행 우리아파트론 11월 18일 조회분 기준). 보금자리론과 디딤돌대출은 만기 30년 순수고정금리(민간 주택담보대출은 5년 고정금리, 6~30년차 변동금리). 원리금균등 분할상환방식. 원리금상환액 등은 반올림.

니다. 따라서 강한 규제지역인 서울에서 70%의 LTV를 적용받을 수 있고 4억 원짜리 아파트를 구입하면서 2억 8,000만 원의 주택담보대출을 받을 수 있습니다. 주택담보대출과 별도로 필요한 금액은 1억 2,000만 원인데 보유한 전세금으로 충당할 수 있기 때문에 별도의 신용대출이 필요하지 않습니다. (실무적으로는 최소 4,000만 원의 계약금

(집값의 10%)이 필요하기 때문에 일시적인 신용대출이 필요할 수 있습니다. 이 경우 마이너스통장 방식으로 일시적으로 빌렸다가 중도상환수수료 없이 향후 주택담보대출을 받아 상환하면 됩니다. 마이너스통장 방식 신용대출은 일반 신용대출과 달리 중도상환수수료가 붙지 않는 게 일반적입니다.)

이 사례는 보금자리론이 가능할 뿐 아니라 디딤돌대출 역시 가능합니다. 따라서 2억 4,000만 원(2자녀 기준 디딤돌대출한도)까지는 디딤돌대출을 받고, 나머지 4,000만 원은 보금자리론을 받는 게 보금자리론만 2억 8,000만 원 받는 것보다 월 원리금상환액은 7만 3,675원, 30년간 총이자액은 2,653만 2,729원 각각 줄일 수 있습니다.

## 실매매가와 KB시세가 다를 때
# 대출한도 기준은?

주택담보대출한도는 아파트 가격(집값)에 LTV 비율을 곱한 금액이라고 말씀드렸습니다. 문제는 "집값의 70%까지 주택담보대출이 가능하다"고 할 때 '집값'은 매매계약서상 매매가격과 반드시 일치하지 않는다는 점에 유의해야 한다는 점입니다.

가령 대체적인 시세가 5억 원인데 매도인과 매수인이 입을 맞춰 매매계약서상 매매가격을 6억 원으로 올림으로써 대출한도를 3억 5,000만 원(5억 원×70%)에서 4억 2,000만 원(6억 원×70%)으로 끌어올릴 수 있는 것 아니냐고 생각할 수도 있습니다. 하지만 은행 등 금융회사들은 이런 잔재주를 무력하기 위해 실질적인 시세를 기준으로 대출한도를 산정하는 명확한 기준을 마련하고 있습니다.

주택담보대출의 정확한 대출한도는 이렇게 산정됩니다. 매매계약서상 매매가격과 KB시세 중 낮은 금액에 LTV 비율을 곱한 금액입니다.

가령 매매계약서상 매매가격이 KB시세보다 높은 경우는 KB시세를 기준으로 대출한도가 산정됩니다. 계약서상 매매가격이 5억 3,000만 원인데 KB시세가 5억 원이고 LTV 70% 상황을 가정하면 대출한도는 3억 5,000만 원(KB시세×70%)이지 3억 7,100만 원(계약서상 매매가격×70%)이 아닙니다.

주택 가격 상승세를 타는 아파트가 이처럼 계약서상 매매가격이 KB시세를 웃돕니다. 같은 아파트 단지 안에서도 상대적으로 인기가 높은 고층 호수, 지하철역 인근 동이 그렇습니다.

반면 매매계약서상 매매가격이 6억 원인데 KB시세는 6억 1,000만 원이고 LTV 60%가 적용되는 상황이라면 대출한도는 3억 6,600만 원(6억 1,000만 원×60%)이 아니라 3억 6,000만 원(6억 원×60%)입니다. 둘 중 더 낮은 매매계약서상 매매가격을 기준으로 대출한도가 산정됩니다.

주택 가격 하락세 아파트가 이런 경우에 해당되는 편입니다. 같은 단지 내에서도 저층 호수나 지하철역에서 먼 동이 KB시세보다 실제 매매가격이 낮고 계약서상 매매가격에 LTV 비율을 곱해 대출한도가 산정됩니다.

KB시세는 국내 3대 은행 중 하나인 KB국민은행이 지역별 공인중개사무소 조사와 인근 시세 분석을 통해 매주 금요일 업데이트하는 국내 대표적인 공인 시세입니다.

KB국민은행뿐 아니라 신한은행, KEB하나은행, NH농협은행, 우리은행 등 시중은행들과 보험사, 카드사, 저축은행 등 모든 주택담보대출 취급 금융회사가 KB시세를 기준으로 대출한도를 산정합니다. (KB시세가 없을 경우 한국감정원 시세, 한국감정원 시세가 없을 경우 별도 감정을 통해 대출한도를 산정합니다. 국내 아파트 대부분은 KB시세가 산정되고 있기 때문에 거의 대부분 KB시세를 기준으로 대출한도를 산정한다고 보면 되며, 보기 드물게 KB시세가 없는 아파트는 첫 구매 아파트로 적절할지 신중하게 생각해야 합니다. 거래빈도가 지나치게 낮아 공인된 시세가 없을 경우 첫 아파트 구입자 기준 자신이 계약하는 아파트 가격이 시세에 적합한지 판단하기 어렵기 때문입니다.)

대출한도를 산정할 때 기준이 되는 집값은 실제 매매가(공인중개사 사무실에서 매도인에게 어떤 아파트를 사들이기로 한 매매계약서상의 가격)와 KB시세 중 낮은 금액이라고 했는데 구체적으로 KB시세 '상위평균과'와 '일반평균가', '하위평균가' 중 일반평균가가 기준입니다. (아파트가 1층인 경우 하위평균가를 적용하기도 합니다.)

KB시세는 'KB부동산 Live ON' 홈페이지(http://nland.kbstar.com/)나 모바일앱에서 조회할 수 있습니다. KB시세는 하위평균가와 일반평균가, 상위평균가로 구분되는데 일반평균가는 하위평균가와 상위평균가의 평균값입니다.

통상 인기지역의 실제 매매가는 KB시세보다 높은 편이고 그 격차는 인기도가 높을수록 커지는 경향이 있습니다. 대출을 많이 받아 아파트를 구입하는 무주택자 입장에서는 이 격차가 너무 큰 아파트를 추천하지 않습니다. 특정 아파트 단지를 포기하고 싶지 않다면 같은 아파트를 기준으로 저층·고층 여부나 로열동·비로열동 여부 등 일부 조건을 포기하더라도 KB시세와 실제 매매가의 격차가 없거나 미미한 매물을 찾는 게 좋습니다.

실제 대출 실행일(잔금일, 입주일)에 임박하면 아파트 매매계약 체결일 대비 KB시세가

2018년 11월 30일 기준 KB부동산 앱에서 서울특별시 서대문구 소재 한 아파트의 KB시세를 조회한 화면입니다. 상위평균가가 5억 8,250만 원이고 하위평균가가 5억 250만 원, 일반평균가는 상하위 평균가의 산술평균인 5억 5,250만 원입니다. 실제 매매계약서상 매매가격이 5억 5,250만 원보다 높으면 KB시세(5억 5,250만 원)에 LTV 비율을 곱해 대출한도를 산정하고, 반대로 계약서상 가격이 KB시세보다 낮으면 계약서상 가격에 LTV 비율을 곱한 금액이 대출한도가 됩니다.

상승할 수 있습니다. 이 경우 당초 예상보다 더 많은 주택담보대출을 받을 수 있습니다. 하지만 매매계약 체결을 앞두고 자금계획을 수립할 때는 보수적인 관점에서 접근해야 합니다.

## 계약서상 매매금액은 5억 원인데 KB시세는 5억 1,000만 원, 보금자리론 실수요자 자격 되나?

서울 등 강한 규제지역에서 LTV 70% 비율을 달성하기 위해서는 디딤돌대출 신청 자격이 되거나 보금자리론 실수요자 기준(집값 5억 원 이하, 무주택자, 부부 연봉 7,000만 원 이하)을 충족해야 한다고 말씀드렸습니다. 여기서 집값 기준은 KB시세와 매매계약서상 매매금액 중 낮은 금액을 기준으로 합니다.

따라서 계약서상 매매금액이 5억 원 이하이기만 하면 KB시세가 5억 원을 초과하더라도 보금자리론 실수요자 요건이나 디딤돌대출 자격을 충족하는 데 문제가 없습니다. KB시세가 4억 9,500만 원, 계약서상 매매금액이 5억 1,000만 원이어도 둘 중 낮은 금액이 5억 원 이하라 보금자리론 실수요자 요건이나 디딤돌대출 자격을 충족합니다. 물론 무주택 요건과 소득 요건을 각각 충족할 때 얘기입니다.

## 실제 계약서상 매매가격이 KB시세보다 큰 경우 '수정 곱셈전략'

계약서상 매매가격이 KB시세와 동일한 경우, 매매가격이 KB시세보다 낮은 경우는 앞서 설명 드린 자금계획 수립 시나리오를 곧이곧대로 적용해도 문제가 없습니다. 계약서상 매매가격에 LTV 비율을 곱하면 대출한도가 산정되고, 보유자산에 일정 비율(LTV 70% 상황이면 3.3…)을 곱하면 구입 가능 아파트 한도가 나옵니다.

예컨대 보금자리론 실수요자 요건을 충족하면 서울, 과천, 세종, 분당, 하남 등지에서 LTV 70%를 적용받을 수 있습니다. 1억 2,000만 원의 전세금을 갖고 보금자리론 2억 8,000만 원을 빌려 계약서상 매매금액이 4억 원인 아파트를 살 수 있습니다. KB시세가 4억 원이면 KB시세와 계약금액이 동일하니 2억 8,000만 원을 빌릴 수 있습니다. KB시세가 4억 2,000만 원이면 대출한도 산정 기준은 KB시세(4억 2,000만 원)와 매매계약서상 매매가격(4억 원) 중 낮은 금액인 4억 원입니다. 따라서 역시 2억 8,000만 원을 빌릴 수 있고, 1억 2,000만 원으로 4억 원짜리 아파트를 구입하는 데 문제가 없습니다.

반면 KB시세가 계약서상 매매가보다 낮을 경우는 시나리오를 수정해야 합니다. 1억 2,000만 원을 들고 2억 8,000만 원의 보금자리론을 빌려 4억 원 아파트를 구입하기로 한 앞의 사례에서 KB시세 일반평균가 매매계약서상 매매금액보다 1,000만 원 낮은 3억 9,000만 원이라면 사정은 달라집니다. 매매계약서상 매매금액(4억 원)과 KB시세 일반평균가(3억 9,000만 원) 중 낮은 금액은 KB시세 일반평균가(3억 9,000만 원)입니다. 따라서 보금자리론 대출한도는 2억 8,000만 원(계약서상 매매금액×70%)이 아니라 2억 7,300만 원(KB시세 일반평균가×70%)입니다. 보유자산(1억 2,000만 원)에 보금자리론(2억 7,300만 원)을 합치면 3억 9,300만 원으로 4억 원 아파트를 구입하는 데

700만 원이 부족합니다.

신용대출을 통해 700만 원을 별도로 마련하거나 3억 9,300만 원이하 가격대의 같은 단지 내 다른 동호수, 인근 다른 아파트를 알아봐야 합니다. KB시세가 3억 9,000만 원이 아니라 3억 7,000만 원일 경우 매매계약서상 매매금액과 KB시세의 차이는 3,000만 원입니다. 이 경우 부족한 금액은 3,000만 원×LTV 비율입니다. LTV가 70%이면 2,100만 원이 부족하다는 얘기이며, 같은 금액의 신용대출을 받거나 3억 7,900만 원 이하 아파트를 알아봐야 한다는 얘기입니다. (보금자리론 한도는 매매계약서상 매매금액(4억 원)과 KB시세 일반평균가(3억 7,000만 원) 중 낮은 금액인 3억 7,000만 원에 70%를 곱한 2억 5,900만 원입니다. 보유자산(1억 2,000만 원)에 보금자리론 한도(2억 5,900만 원)을 더하면 3억 7,900만 원입니다. 구입 가능 아파트 가격이 4억 원에서 3억 7,900만 원으로 2,100만 원 낮아집니다. 2,100만 원은 3,000만 원(매매계약서상 매매금액-KB시세 일반평균가)의 70%입니다.)

2018년 9월 13일 이른바 '9·13 부동산 대책' 이후 서울 일부 지역의 가격 상승세가 둔화됐다고 하지만 여전히 포털사이트나 공인중개사 사무소를 통해 접하게 되는 아파트 가격은 KB시세를 웃도는 경우가 많습니다. KB시세를 기준으로 대출한도가 산정된다는 전제에 따라 자금계획을 수립해야 합니다. 구체적으로 실제 주택 구입예정자들 의식의 흐름에 따라 시나리오를 살펴보겠습니다.

부부 연봉 1억 1,000만 원이고 2억 4,000만 원의 전세금을 갖고 있는 맞벌이 부부(주택 구입 경험이 있으나 현재는 무주택자)가 경기도 고양시 삼송지구 아파트를 알아보고 있습니다. 보금자리론 실수요자 요건(부부 연봉 7,000만 원)을 충족하지도 않고 조정대상지역 서민·실수요자 요건(부부 연봉 6,000만 원 이하) 역시 만족하지 않습니다. 따라서 적용 LTV는 60%입니다.

LTV 60% 상황에서 구입 가능 아파트 한도는 보유자산의 2.5배입니다. 따라서 이 부부의 구입 가능 아파트 가격은 최대 6억 원입니다. 3억 6,000만 원(6억 원×60%)의 일반 주택담보대출을 빌린다는 전제하의 구입 가능 최대 아파트 가격입니다.

면적대에 따로 제한을 두지 않고 검색한 결과입니다. 6억 원 이하(호가 기준) 매물이 존재하는 아파트들이 검색창에 등장합니다. 이 중 통근 여건이나 자녀 학교 여건을 감안해 적절한 아파트를 찾아봅니다.

경기도 고양시에서 6억 원 이하 아파트를 살펴보겠습니다. 네이버 부동산의 검색 대상 항목에서 아파트 분양권과 재건축을 제외한 '(일반)아파트'로 검색 대상을 한정하고, 지역명을 선택(삼송지구는 고양시 덕양구 삼송동)합니다. 가격대는 5억 5,000만 원 이상 6억 원 이하로 설정했습니다. 검색 결과는 91페이지의 그림과 같습니다.

검색 결과 구입 가능한 6억 원 이하 아파트가 6개 뜹니다. 이 중 지하철역에서 상대적으로 가깝고 자녀 통학이 어렵지 않은 2014년식 9개동짜리 아파트가 마음에 들어 호가를 검색해봤더니 전용면적 84m² 아파트 가격이 대부분 6억 원입니다.

이제 이 아파트의 KB시세 일반평균가를 검색해보겠습니다. '네이버 부동산'은 PC 버전으로, 'KB부동산'은 애플리케이션으로 각각 검색하고 있습니다(2018년 12월 1일 기준 검색 결과로 같은 아파트라도 독자들의 검색 결과는 다르게 나타날 수 있습니다).

전용면적 84m² 아파트의 KB 시세 검색 결과 KB시세 일반평균가는 5억 5,000만 원으로 실제 호가, 즉 향후 매매계약서상 매매금액이 될 가능성이 높은 가격보다 5,000만 원 낮습니다. 이 경우 2억 4,000만 원의 전세금만으로는 이 아파트를 살 수 없습니다. 대출한도가 3억 6,000만 원(6억 원×60%)이 아닌 3억 3,000만 원(5억 5,000만 원×

2018년 12월 1일 'KB부동산' 모바일 애플리케이션에서 경기도 고양시 삼송지구 한 아파트의 KB시세를 검색한 결과 전용면적 84m² 아파트의 일반평균가는 5억 5,000만 원으로 나타납니다.

60%)으로 3,000만 원 줄어들기 때문입니다. 2억 4,000만 원으로 살 수 있는 아파트 가격 한도 역시 6억 원에서 5억 7,000만 원(전세금 2억 4,000만 원+민간 주택담보대출 3억 3,000만 원)으로 줄어듭니다. 대출한도 감소분이자 구입 가능 아파트 한도 감소분인 3,000만 원은 아파트 호가와 KB시세 차이인 5,000만 원에 LTV 비율(60%)을 곱한 금액(5,000만 원×0.6)과 정확히 일치합니다.

이 경우 선택은 크게 두 가지입니다. 부부 연봉 1억 1,000만 원인 부부가 무리 없이 승인받을 수 있는 신용대출 3,000만 원을 받아 마음에 드는 이 아파트를 구입해도 좋고 신용대출을 받는 데 거부감이 있거나 받기 어려운 상황이라면 다른 아파트를 알아보는 방법입니다.

삼송지구 한 아파트 호가 검색 결과(왼쪽) 전용면적 84m² 매물의 호가가 5억 8,000만~5억 8,500만 원 전후에서 형성돼 있습니다. 같은 아파트 KB시세 검색 결과(오른쪽) 전용면적 84m² 아파트의 일반평균가가 5억 8,250만 원으로 호가와 큰 차이가 없습니다.

인근의 또 다른 아파트는 검색 결과 호가(5억 8,000만~5억 8,500만 원)와 KB시세 일반평균가(5억 8,250만 원)에 큰 차이가 없습니다.

호가대로 계약한다고 전제하고 호가가 5억 8,000만 원(〈KB시세) 인 경우 대출한도는 3억 4,800만 원(실제 계약금액인 5억 8,000만 원× 60%)입니다. 보유 전세금(2억 4,000만 원)에 대출금액을 합치면 5억 8,800만 원으로 5억 8,000만 원짜리 아파트를 구입하고 800만 원 이 남습니다. 대출을 3억 4,000만 원만 받아도 되고, 대출을 3억 4,800만 원 다 받은 후 남은 800만 원을 취득세(638만 원=5억 8,000만 원×1.1%)와 이사비용에 충당해도 됩니다.

호가가 5억 8,500만 원(〉KB시세)인 경우 대출한도는 KB시세인 5억 8,250만 원에 LTV 비율(60%)을 곱한 3억 4,950만 원입니다. 전세금(2억 4,000만 원)을 보태면 5억 8,950만 원으로 450만 원이 남습니다. 역시 대출을 3억 4,500만 원(3억 4,950만 원-450만 원)만 받아도 되고, 대출을 3억 4,950만 원 받은 후 남은 450만 원을 이사비용이나 공인중개수수료(최대 234만 원, 부가가치세 제외)에 쓰면 됩니다. 아파트 가격(매매계약서 기준)의 1.1%(6억 원 이하), 2.2%(6억 원 초과 9억 원 이하), 3.3%(9억 원 초과, 이상 전용면적 85m² 이하 기준)인 취득세는 신용카드 무이자 할부로도 납부할 수 있습니다.

KB시세가 계약서상 매매가를 웃도는 아파트를 신용대출을 보태 사는 방법과 두 금액의 차이가 없거나 미미한 아파트를 주택담보대출만으로 사는 방법 중 고민될 경우 어떤 기준으로 판단해야 할까요. 상승세 아파트는 전자의 경우가 일반적이고 같은 동네 안에서 주거 여건이나 통근 여건이 상대적으로 우월한 경우가 여기에 해당합니다. 따라서 갚을 수 있는 범위의 주택담보대출과 신용대출이라면 전자의 방식을 택하는 게 주거만족도 면에서 후회를 줄일 수 있을 뿐 아니라 향후 적정한 가격 상승 가능성 역시 상대적으로 높습니다. 하지만 두 아파트 간 선호도 면에서 큰 차이가 없거나 신용대출을 빌려 원금과 이자를 갚는 데 무리가 따른다면 과감하게 가격대를 낮추는 게 아예 아파트 구입 자체를 포기하거나 결정을 지연하는 것보다 낫습니다. 주택담보대출과 신용대출을 모두 활용한 아파트 구입 자금조달 시나리오에서 갚을 수 있는 대출인지 판단하는 방법은 별도의 장에서 다루도록 하겠습니다.

## 방 한 칸 값을 대출한도에서 뺀다고?

경기도 남양주시 한 아파트의 매매계약서상 매매가가 5억 1,000만 원이고 KB시세가 5억 원인데 적용 LTV가 60%이면 대출한도는 3억 원입니다. 그런데 은행 창구에 가면 직원들은 대출한도가 2억 6,600만 원이라고 합니다. 전세금에 신용대출까지 합쳐 동원할 수 있는 자산이 많아야 2억 1,000만 원이었는데 3,400만 원이 모자라 내 집 마련을 미뤄야 할 것 같습니다.

은행 직원 얘기는 틀리지 않습니다. 방 단위로 세 들어 사는 임차인 보호를 위해 2,700만 원을 차감, 방 한 칸 값을 빼는 '방 공제'가 이뤄진다는 얘기입니다. 방 공제 금액은 남양주시 같은 서울을 제외한 수도권이 3,400만 원, 서울은 3,700만 원, 광역시는 2,000만 원, 나머지 지역은 1,700만 원입니다. (방 공제의 정확한 명칭은 '소액임차보증금 최우선변제'입니다. 일명 '방 빼기'라고도 합니다. 주택담보대출을 끼고 집을 보유한 집주인이 방 중 일부를 임대할 수 있습니다. 이 경우 은행은 담보가액의 100~120%, 임차인(세입자)은 임차보증금 전액을 각각 돌려받을 권리가 있는 채권자가 됩니다. 임대 시점보다 주택담보대출 실행 시점이 앞서는 경우 은행이 임차인보다 선순위 채권자가 됩니다. 은행이 담보인 집을 경매 등으로 처분하는 게 임차인에게 돈을 돌려주는 것보다 원칙적으로 우선한다는 얘기입니다. 이 같은 원칙에도 불구하고 서민인 세입자(상가의 경우 영세상인)가 서울 기준 3,700만 원까지는 보증금 범위에서 돌려받을 수 있도록 주택임대차보호법과 상가건물임대차보호법이 규정한 제도가 소액임차보증금 최우선변제, 즉 방 공제입니다.)

세를 줄 계획이 없고 가족들이 직접 거주할 목적으로 주택담보대출을 받아 아파트를 구입하는데 참으로 황당한 얘기가 아닐 수 없습니다.

하지만 은행 직원의 청천벽력 같은 통보는 완벽하지도 않습니다. 사기 싫어서 안 사는 것은 상관없지만 사고 싶고 살 수 있는데 못 사는 파국은 면해야 한다는 게 이 책의 기본적인 취지입니다. 주택 구입 경험이 없는 무주택 실수요자들의 선택을 주저하게 만드는 '방 공제'에 대한 오해를 바로잡지 않을 수 없는 이유입니다.

은행 창구 직원이 이 같은 '방 공제'를 이유로 예상했던 대출한도보다 낮은 대출한도를 제시하는 경우가 종종 있습니다. 하지만 모기지신용보험MCI: Mortgage Credit Insurance이나 정책모기지신용보증MCG: Mortgage Credit Guarantee을 이용하면 LTV 최대한도만큼 주택담보대출을 받는 데 문제가 없습니다. MCI는 통상 민간 주택담보대출에 활용되며, MCG는 디딤돌대출 이용자가 대상입니다. 보금자리론은 방 공제 자체가 없습니다.

MCI 상품을 제공하는 서울보증보험이나 MCG 취급기관인 한국주택금융공사를 찾아갈 필요 없이 은행 대출상담 직원에게 "MCI나 MCG 적용을 희망한다"고 얘기하면 됩니다.

보험이나 보증을 통해 미래의 (또는 가상의) 임차인 보호를 위한 금액을 확보하는 구

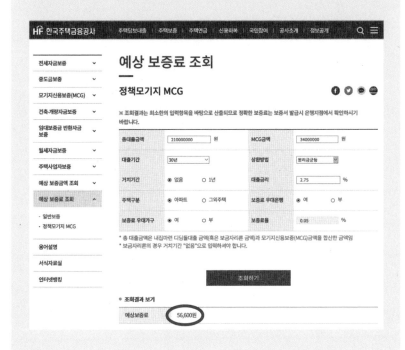

조입니다. 보험료나 보증료가 발생하는데, MCI의 경우 은행 대부분이 자체적으로 부담합니다. MCG는 약간의 보증수수료를 납부하면 됩니다.

디딤돌대출을 이용하면서 '방 공제'라는 차감 없이 LTV 비율만큼 최대한의 대출을 받기 위해 MCG 상품을 이용할 경우 납부해야 할 보증수수료는 주택금융공사 홈페이지(주택보증 → 예상 보증료 조회 → 정책모기지 MCG)에서 조회할 수 있습니다.

신혼부부가 3억 원짜리 경기도 군포시 아파트를 구입하면서 2억 1,000만 원의 디딤돌대출을 받을 경우 MCG 적용 이전 대출한도는 1억 7,600만 원(2억 1,000만~3,400만 원)입니다. MCG를 적용하면 3,400만 원의 방 공제가 면제되고 대출한도가 2억 1,000만 원으로 늘어납니다. 연이율 2.75%의 금리로 만기 30년 원리금균등분할상환방식 디딤돌대출 2억 1,000만 원을 받을 때 납부해야 하는 보증수수료는 5만 6,600원이고 수수료만큼 대출한도에서 차감돼 대출이 실행됩니다. 신혼부부나 3자녀 이상 다자녀 가구는 보증료 우대를 받을 수 있고 보증료 우대 은행은 홈페이지에서 조회할 수 있습니다.

3억 원 초과 아파트에 대한 디딤돌대출은 MCG 적용이 안 됩니다. 따라서 3억 원대 이상 아파트 구입 땐 방 공제 자체가 없는 보금자리론을 이용해야 넉넉한 주택담보대출을 받을 수 있습니다.

# 생애 첫 집으로
# 아파트를 선택해야 하는 이유

집은 크게 아파트와 빌라, 단독주택 등으로 구분됩니다. 오랜 아파트 열풍으로 아파트 가격이 빌라나 단독주택보다 비쌉니다. 부담스러운 아파트 가격 때문에 오피스텔이나 원룸을 첫 구매 주택으로 선택하는 경우도 많습니다.

거주 목적으로 어떤 주택 유형을 선택할지는 전적으로 개인의 선호나 여건에 따라 결정할 문제입니다. 향후 보유가치 상승 가능성 면에서 특정 주택 유형이 다른 주택 유형보다 낫다고 단언하기 어렵습니다.

하지만 무주택 실수요자로서 대출을 받아 내 집 마련에 나서는 사람들에게는 아파트를 추천합니다. (이 장은《35세, 1억으로 내 아파트 갖기》를 토대로 재작성했습니다.) 풍부한 정보를 토대로 매도인과의 매매계약 협상에서 특별히 불리한 상황에 처할 가능성을 최소화할 수 있고, 향후 다른 집으로 갈아타거나 불가피한 상황으로 집을 내다 팔아야 할 때 처분이 용이하기 때문입니다.

첫 번째 이유는 '정보가 풍부하기 때문'입니다. 통상 매수인은 매도인보다 정보 면에서 열등한 상황에 처하게 됩니다. 먼저 집을 사고 판 경험에서 매도인이 매수인을 앞서는 경우가 많습니다. 특히 무주택자인 매수인의 주택 구입 경험은 '0회'인 반면, 매도인은 '최소 1회이상'입니다. 이 경험의 차이는 대개 1보다 훨씬 큽니다.

다음으로 매도인은 매매거래 대상 주택과 일대 주택시장에 대한 이해도가 높습니다. 특정 주택이 거래될 때 적정 수준의 가격대를 인지하고 있는 편입니다. 반면 매수인은 주택매매 경험이 풍부한 친지를 동행한다고 하더라도 해당 주택이나 일대 지역 이해도가 매도인보다 떨어질 수밖에 없습니다.

특히 특정 지역에서 영업하는 공인중개사 대부분은 해당 지역에 한 명의 생활인으로서 거주하는 경우도 많습니다. 공인중개사 중 일부는 중개 업무의 무게중심을 매수인보다 매도인에게 두는 경향도 있습니다. 단 1회의 중개로 끝나는 경우가 많은 매수인보다 다주택자가 많은 매도인의 경우 후속 중개가 이어질 가능성이 높기 때문입니다.

이처럼 매수인은 주택거래에서 정보 열위의 상황에 직면하는 경우가 많습니다. 아파트는 연립빌라나 단독주택 같은 다른 주택 유형에 비해 이 같은 정보 열위 상황을 최소화할 수 있습니다. 쉽게 말해 '호구가 될' 가능성을 줄일 수 있다는 얘기입니다. 이유는 크게 두 가지입니다.

먼저 KB국민은행 시세 같은 합리적인 거래가격 판단 기준이 존재합니다. 연립빌라나 단독주택의 경우 '내가 이 가격에 사는 게 과연 맞는 걸까?'라는 의구심을 떨치기 어렵습니다. 주택거래 경험이 많은 사람들이나 전문 투자자는 감정평가법인의 감정평가와 주변 시세 조사를 통해 합리적인 가격대로 사고파는 데 문제가 없습니다. 하지만 첫 주택 마련에 나서는 무주택자에게는 어려운 일입니다.

반면 아파트는 층수와 동 위치만 다를 뿐 동일한 평면도와 면적의 집이 여러 채 존재하고 거래빈도가 높기 때문에 객관적인 시세가 축적돼 있습니다. 그 결과 일대 공인중개사들이 제공하는 거래정보를 토대로 비교적 정확한 KB시세가 형성됩니다. 특정 지역 아파트에 대한 이해도가 가장 떨어지는 매수인, 예컨대 지방 출신 신혼부부를 가정해도 KB시세와 유사하거나 KB시세를 현저히 웃돌지 않는 범위에서 아파트를 계약하면 크게 손해 볼 일은 없다는 뜻입니다. 바꾸어 말하면 제아무리 노련한 매도인이라 해도 시중에 자리 잡은 KB시세를 무시한 채 엉뚱한 가격으로 신출내기를 조롱할 수 없습니다.

첫 구입 주택으로 아파트를 추천하는 또 다른 이유는 향후 처분의 용이성 때문입니다. 첫 연애 상대와 반드시 결혼한다는 보장이 없듯

처음 구입한 집에 평생 사는 사람은 드뭅니다.

주택 구입을 위한 주택담보대출 최장 만기는 35년이고 주택 구입자는 평균적으로 20년 만기를 선택하지만, 금융감독원에 따르면 실제 주택담보대출 존속기간은 7년입니다.

자녀가 늘어나면서 집을 넓혀야 하거나 직장을 멀리 옮기면 살던 집을 되팔거나 전세 또는 월세 형태로 임대를 줘야 합니다. 이처럼 집을 되팔거나 임대를 줄 때 상대적으로 거래빈도가 많은 아파트가 쉽습니다. 처분이 용이해야 원하는 처분 시기(예컨대 새로 구입하는 집의 입주일)에 맞춰 매도나 임대 등 처분이 가능합니다.

아파트 중에서도 특정 지역 랜드마크 격인 대단지 아파트, 특히 전용면적 59m²(20평대)나 84m²(30평대)처럼 흔한 면적대 아파트의 거래빈도가 높습니다. 거래빈도가 높기 때문에 KB시세가 상대적으로 정확합니다. 시세에 대한 신뢰도가 높을수록 거래빈도는 더욱 높아집니다. 흔한 면적대 동호수가 많은 아파트를 선택하는 게 좋습니다. 이런 조건을 만족할수록 시세가 비싸겠지만 로열동이나 로열층을 포기하더라도 첫 집은 이 같은 조건을 만족하는 아파트를 선택하는 게 안전합니다.

# 향후 집값이 떨어지거나
## 실직하면 어떡하나?

외환위기 같은 예기치 못한 충격으로 부동산시장이 얼어붙어 집값이 떨어질 가능성을 배제할 수는 없습니다. 일시적인 실직으로 꾸준한 소득을 장담할 수도 없습니다. (이 장은《35세, 1억으로 내 아파트 갖기》를 토대로 재작성했습니다.)

모든 가능성을 열어두고 신중한 자세를 견지하는 것은 좋은 일입니다. 억대의 대출을 받는 문제는 특히 그렇습니다. 지금의 30대는 유년이나 청소년 시절 외환위기 때 부모나 친구 부모의 파산이나 실직을 지켜본 경험이 있기 때문에 남다른 트라우마를 갖고 있는 경우도 많습니다.

하지만 무분별한 다주택 투기에 나서지 않는 이상 유사시 경제위기로 길바닥에 나앉을 수 있다는 우려 때문에 적기의 내 집 마련을 포기할 이유는 없습니다. 약정한 대출 원리금을 1년 이상 연체하지 않는 이상 집값 폭락 여부와 무관하게 보유한 주택에 거주하면 그만이기 때문입니다.

먼저 집값 하락 상황을 살펴보겠습니다. 많은 무주택자의 오해 중 하나는 집값이 대출금액 밑으로 떨어질 경우 은행이 대출금을 회수해 가는 것 아니냐는 것입니다. 예컨대 5억 원짜리 경기도 고양시 아파트를 구입하면서 3억 원의 주택담보대출을 받은 후 대출금이 2억 8,000만 원이 남은 상태에서 시세(담보가치)가 2억 5,000만 원으로 떨어진 경우를 생각해보겠습니다.

LTV 기본규제비율이 세계적으로 가장 높은 편인 70%이고 최근 서울 등 규제지역의 경우 이 비율이 40%까지 떨어지는 상황이라 매우 극단적인 가정입니다. 대출금이 시세를 웃도는 역진적인 상황이 생긴 것은 맞습니다. 하지만 주택 소유자 겸 채무자는 당초 은행과 약정한 대로 2억 8,000만 원의 대출 잔액을 갚아나가면 그만이고, 은행이 담보가치가 대출금보다 떨어졌다는 이유로 대출금을 회수할 수는 없으며, 새로운 담보 제공을 요구할 수도 없습니다.

다음으로 실직 등으로 당초 DTI 심사를 위해 은행에 제출한 수준의 소득이 유지되지 않는 경우를 살펴보겠습니다. 일단 실직을 했다는 이유로 은행이 주택담보대출의 즉시 상환을 요구하는 경우는 없습니다. 엄연한 대출 만기(최장 35년)가 존재하기 때문입니다. 약정한 원리금을 제때 갚기만 한다면 실직을 이유로 주택담보대출을 일시에 상환해야 하는 의무는 발생하지 않습니다.

다만 신용대출의 경우 만기가 1년이기 때문에 만기 도래 시점에 새 직장을 구하지 못하면 신용대출 만기가 연장되기 어렵습니다. 따라서 신용대출과 주택담보대출을 모두 받아 주택을 구입한 사람들은 신용대출부터 상환하는 게 안전합니다. 반면 주택담보대출은 만기가 길기 때문에 대출기간 도중 소득이 없어졌거나 소득수준이 낮아졌다는 이유로 은행이 일거에 대출금 상환을 요구하지는 않습니다.

일시적인 실직으로 2개월가량 원리금을 연체하더라도 실직 사실을 소명하면 대출계약이 해지되지 않고 1년가량의 유예기간이 주어집니다. 유예기간 동안 적극적으로 구직 활동에 나서면 됩니다.

와병 등으로 실직 상태가 장기간 유지되는 경우에는 보유주택을 매각하거나 전세·월세 방식으로 임대해 주택담보대출을 상환한 후 안타깝지만 임차료가 저렴한 주택으로 보금자리를 옮겨야 합니다. 이처럼 유사시 신속한 처분을 감안하면 거래빈도가 높은 주택 유형(주로 아파트)을 선택하는 게 바람직합니다.

그럼에도 불안감이 여전한 분들은 이른바 '유한책임 주택담보대출'을 활용하면 됩니다. 집값이 대출금 이하로 떨어지고 실직 등으로 원리금을 3개월 이상 갚지 못하는 극단적인 상황이 오더라도 집값(담보가치) 초과 대출금은 갚을 필요가 없습니다. 담보로 잡힌 주택만 반납하면 대출금을 갚지 않아도 됩니다. (유한책임 주택담보대출은 비소구 주택담보대출이라고도 불립니다. 소구遡求(상환청구)는 대출 원리금이나 어음, 수표를 상환해줄 의무를 지닌 사람이 원리금이나 어음, 수표를 지급하지 아니하거나 지급할 가능성이 거의 없을 때, 상환 의무를 진 사람에게 해당 의무를 이행해달라고 강제 처분을 요청하는 일을 뜻합니다. 비소구 주택담보대출은 통상적인 주택담보대출과 달리 채무불이행에 따른 강제처분 범위가 담보가치로 한정되고 월급 등이 가압류되지 않습니다.)

유한책임 주택담보대출이 아닌 일반적인 주택담보대출도 시세가 대출금 아래로 떨어졌다는 이유로 대출금을 회수해 가지는 않습니다. 원리금을 제때 갚기만 하면 그만이고, 설령 두세 달 원리금이 연체되더라도 일정한 연체이자만 부담하면 됩니다. 문제는 실직 등으로 장기간 연체가 발생하는 경우입니다. 이 경우 아파트(주택담보대출의 담보물)가 경매로 넘어갈 뿐 아니라 아파트가 아닌 다른 재산, 월급까지 가압류될 수 있습니다.

가령 3억 5,000만 원을 빌려 6억 원짜리 아파트를 구입했는데 경제위기로 집값이 3억 원으로 떨어지는 극단적인 상황을 상상해보겠습니다. 아직 남은 주택담보대출이 3억 2,000만 원인 경우 집을 팔아도 주택담보대출을 상환할 수 없습니다. 이런 상황에서 아파트가 제때 팔리지도 않지만 설령 팔린다고 하더라도 은행은 받아야 할 돈(최소 2,000만 원)이 남아 있습니다. 이 2,000만 원을 건지기 위해 은행은 주택 소유자의 자동차나 월급을 가압류할 수 있습니다.

하지만 유한책임 주택담보대출을 이용하면 아파트 가격 하락에 더해 불가피한 장기

| 대출 실행 | 강제(경매) 집행 | 사후 조치 |
|---|---|---|

주택 가격
(3억 원)

대출금액
(1.8억 원)

주택 가격 1.5억 원 하락

주택 가격
(3억 원)

대출금액
(1.8억 원)

(현행) 차주 책임 유지
1.5억 원 회수 후,
채무자 다른 재산·소득 압류

(신설) 차주 책임 종료(유한책임)
1.5억 원 회수 후
나머지는 금융기관 손실 처리

유한책임(비소구) 주택담보대출은 기존 주택담보대출과 달리 집값이 떨어져도 주택가치만 큼만 책임을 지는 대출입니다.
* 도안출처: 금융위원회

간 연체까지 발생하더라도 주택 구입자의 책임이 아파트 시세로 한정됩니다. 아파트 만 경매로 넘어가고 나머지 2,000만 원에 대해서는 차주(돈을 빌린 사람)의 책임이 없어집니다. 은행은 2,000만 원에 대해 '손실 처리'라는 법적 조치를 하게 됩니다.

유한책임 주택담보대출은 2018년 5월 이전까지 연봉 3,000만 원 수준의 저가 주 택 구입자를 대상으로 제한적으로 도입돼 있었습니다.

하지만 2018년 5월부터 같은 해 11월까지 유한책임 주택담보대출 이용 대상이 전 면적으로 확대됐습니다. 무주택자가 주택 구입 용도로 디딤돌대출(아파트 가격 5억 원 이하, 대출금 2억 원(신혼부부는 2억 2,000만 원, 2자녀 가구는 2억 4,000만 원) 이 하)을 받으면 그 대출은 모두 유한책임 주택담보대출이 됩니다. 보금자리론(아파트 가격 6억 원 이하, 대출금 3억 원(3자녀 가구는 4억 원) 이하)의 경우 원칙적인 소득 요 건은 7,000만 원 이하인데 1자녀는 8,000만 원, 맞벌이 신혼부부(무주택자 한정)는 8,500만 원 이하, 2자녀 이상은 9,000만 원, 3자녀 이상은 1억 원으로 부부 연봉 요건이 완화돼 있는 편입니다. 이미 집을 갖고 있는 분들도 2년 이내에 기존 집을 처분한다는 약속을 하면 보금자리론을 받을 수 있습니다. 하지만 유한책임 방식으 로 보금자리론을 받으려면 자녀수나 신혼 여부와 무관하게 연봉이 7,000만 원 이 하이면서 무주택자여야 합니다. (생애최초주택 구입자일 필요는 없습니다.) 보금자리론 한도는 3억 원인데 3자녀 이상은 4억 원으로 확대됩니다. 반면 유한책임 방식 보금 자리론은 3자녀 이상 가구라도 대출한도가 3억 원으로 제한됩니다.

2018년 11월 12일부터는 상대적으로 고가 아파트 구입자도 받을 수 있는 적격대출(아파트 가격 9억 원 이하, 대출금 5억 원 이하)에도 유한책임 주택담보대출 방식이 도입됩니다. 차이가 있다면 적격대출 그 자체는 이렇다 할 소득 제한이 없고 1주택자도 기존 주택을 처분한다는 약속 하에 받을 수 있는데 유한책임 방식 적격대출은 부부 연봉 7,000만 원 이하인 무주택자에 한해 가능하다는 점입니다. 주택 가격(9억 원 이하), 대출한도(5억 원 이하) 및 금리(3.25~4.16%, 2018년 11월 기준) 등은 기존의 적격대출 요건과 동일하게 적용됩니다. (나홀로 아파트 등 단지 규모가 지나치게 작거나 지나치게 오래된 아파트, 통상적인 시세보다 지나치게 비싼 금액에 계약한 아파트는 은행이나 주택금융공사 판단에 따라 유한책임 방식으로 주택담보대출을 받지 못할 수도 있습니다.)

유한책임 주택담보대출 신청방식은 특별하지 않습니다. 디딤돌대출이나 보금자리론, 민간 주택담보대출을 신청하듯이 우리은행이나 KB국민은행 같은 15개 시중은행 창구에 유한책임 주택담보대출을 신청하면 됩니다.

연봉 9,000만 원인 2자녀 가구라 일반 보금자리론 신청 자격은 되는데 유한책임 방식 보금자리론은 받을 수 없는 경우, 부부 연봉이 1억 2,000만 원이라 적격대출

**유한책임 방식 정책모기지 신청 요건**

| 구분 | 유한책임 디딤돌대출 | 유한책임 보금자리론 | 유한책임 적격대출 |
|---|---|---|---|
| 주택 보유수 | 대출 신청 시 무주택자<br>(일반 보금자리론, 일반 적격대출과 달리 1주택자 불가) | | |
| 자금 용도 | 구입 용도로 한정 | | |
| 부부합산 소득 | 6,000만 원 이하<br>(생애최초, 신혼, 2자녀<br>이상 7,000만 원) | 7,000만 원 이하<br>(신혼부부, 1·2자녀도<br>같은 소득 요건 적용) | 7,000만 원 이하 |
| 주택 가격 | 5억 원 이하 | 6억 원 이하 | 9억 원 이하 |
| 대출한도 | 2억 원 이하<br>(신혼가구 2.2억 원,<br>2자녀 이상 가구 2.4억 원) | 3억 원 이하 | 5억 원 이하 |
| 대출 만기 | 10년, 15년, 20년, 30년 | | |

은 받을 수 있는데 유한책임 방식 적격대출은 받을 수 없는 경우는 어떻게 해야 할까요. 유한책임 방식 보금자리론, 적격대출을 받을 수 없다는 이유로 안전한 주택담보대출을 받아 소중한 보금자리를 마련하는 기회를 포기하는 것은 추천하고 싶지 않습니다. 유한책임 방식 주택담보대출이 가능한 분들은 이 기회를 십분 활용하시되, 그렇지 않은 분들도 정책모기지나 민간 주택담보대출을 받아 내 집 마련을 실천하시기를 권합니다. 갚을 수 있는 범위에서 빌리면 되고, 설령 집값이 폭락하는 상황이 오더라도 빌린 범위에서만 갚으면 되기 때문입니다. 향후 집을 처분해야 하는 불가피한 상황이 왔을 때 신속히 제값에 집을 처분할 수 있기만 하면 되고, 이것이 첫 집으로 아파트를 추천한 이유입니다.

PART 3

# 갚으니까 청춘이다

"걱정을 해서 걱정이 없어지면 걱정이 없겠네."

– 티베트 속담

# 가계약금 쓰기 전에
# 마지막으로 따져봐야 할 DTI

빌릴 수 있느냐는 우리의 가능성을 전망하고, 갚을 수 있는지는 한계를 규정합니다. 갚을 수 없다면 빌릴 수 있어도 빌려선 안 됩니다.

빌릴 수 있는 가능성을 점검하는 지표가 LTV이고 갚을 수 있는지 따져보는 지표가 DTI입니다. DTI, 즉 총부채상환비율은 연소득 대비 연간 원리금상환액 비율을 뜻하는 소득심사지표입니다.

대한민국의 LTV는 세계 최고 수준입니다. 즉 갚을 수 있는데도 빌릴 수 없는 사람이 많습니다. 바꾸어 말하면 대한민국의 부동산 금융규제 환경에서 빌릴 수 있다면 대개 갚을 수 있습니다. Part Ⅰ과 Part Ⅱ에서 살펴본 숱한 사례들은 6·19 대책과 8·2 대책 같은 일련의 부동산 금융규제로 강화된 DTI 규제를 충족할 뿐 아니라 소득심사 규제가 가장 엄격한 나라의 규제 수준으로 따져봐도 갚을 수 있는 좋은 빚으로 분류됩니다.

불필요한 두려움과 필요한 두려움을 분명히 구분할 수 있도록 DTI의 계산 방법과 한국의 DTI 규제, 시나리오별 DTI 수준을 살펴보겠습니다.

### 갚을 수 있는 빚일까? DTI 직접 계산해보자

DTI = (모든 주택담보대출의 연간 원리금 + 신용대출 등 기타대출의 연간 이자)
÷ 연간소득

자녀가 없는 부부 연봉 6,500만 원인 결혼 3년차 무주택 신혼부부가 6,500만 원 신용대출과 3억 원의 만기 30년 보금자리론을 각각 받아 4억 2,857만 원짜리 서울 아파트를 구입하는 경우의 DTI를 계산해보겠습니다. 연봉이 6,500만 원인데 대출금액(신용대출+보금자리론)이 연봉의 6배에 가까운 3억 6,500만 원에 달합니다. 그럼 이 대출은 갚을 수 없는 나쁜 빚일까요? 결론부터 말씀드리면 3억 6,500만 원의 대출은 갚을 수 있는 좋은 빚이라고 정부는 공인합니다. (금융위원회는 2018년 10월 18일 보도자료에서 "차주의 3분의 2 이상(약 66.9%)이 소득으로 채무를 상환하는 데 큰 문제가 없는 DSR 50% 이하 수준"이라고 밝힌 바 있습니다.)

① 주택담보대출의 총 원리금상환액 계산해 연평균 원리금상환액 계산하기

주택담보대출의 연간 원리금상환액을 계산하기 위해 먼저 주택담보대출의 총원리금상환액을 계산해보겠습니다. 2018년 12월 3일 기준 연봉 6,500만 원 신혼부부에 적용되는 만기 30년 보금자리론의 이율은 3.03%입니다. 주택담보대출 총원리금상환액은 주택금융공사의 '안심주(住)머니' 앱에서 계산할 수 있습니다. 이자만 내는 거치기간 없이 원리금균등 분할상환방식으로 보금자리론을 받겠습니다.

계산 결과 원리금균등 분할상환방식 기준 30년간 낼 총원금과 이

자의 합계는 4억 5,708만 1,359원입니다. 따라서 연평균 원리금상환액은 1,523만 6,045만 원입니다.

② 한국은행 평균금리로 DTI 계산용 신용대출 이자 계산하기

신용대출과 자동차 할부금융 등 비非주택담보대출의 DTI 계산용 이자는 실제 적용이율이 아니라 다른 기준으로 셈합니다. 한국은행이 매월 발표하는 '예금은행 가중평균 가계대출금리(잔액기준)'+1%포인트를 더합니다. 한국은행경제통계시스템(ecos.bok.or.kr) 홈페이지에서 금리 → 예금은행 가중평균금리 → 대출금리 → 잔액기준 → 가계대출 → 일반신용대출을 선택하면 됩니다.

2018년 12월 3일 현재 조회되는 2018년 10월 기준 예금은행 가중평균 가계대출금리(잔액 기준)는 연 4.43%입니다. 여기에 1%포인트를 더하면 5.43%입니다. 실제 신용대출의 적용이율이 연 3.9%이더라도 DTI를 계산할 때는 5.43%로 연간 이자액을 계산하고 이를 DTI 계산에 적용합니다.

실제 신용대출에 따른 연간 이자액은 253만 5,000만 원(6,500만 원×0.039)에 불과합니다. 하지만 DTI 계산용 연간 이자액은 신용대출금액(6,500만 원)에 5.43%(0.0543)를 곱한 금액, 즉 352만 9,500만 원입니다. 신용대출을 원금을 나눠 갚는 방식으로 받고 있어도 위와 같이 이자만 계산합니다. 자동차 할부금융 같은 다른 대출도 마찬가지 방식으로 계산할 수 있습니다.

③ DTI 계산하기

DTI는 (주택담보대출의 연간 이자액+신용대출 등 기타 대출의 DTI 계산용 연간 이자액)÷부부합산 연소득입니다. 따라서 이 사례에서 DTI는 (1,523만 6,045원+352만 9,500만 원)÷6,500만 원=28.9%(0.2887)입니다. 연간 부담하는 원리금상환액이 소득의 28.9%에 불과하다는 뜻입니다. 또한 이는 서울 등 강한 규제지역에서 가장 엄격하게 적용되는 DTI 비율인 40%보다 10%포인트 이상 낮습니다. 대출을 실행하는 데 전혀 문제가 없을 뿐 아니라 국제적 기준으로 봐도 갚을 수 있는 건전한 대출로 분류됩니다. 대출금이 연

### 지역별·상황별 DTI 규제비율 현황

| 구분 | 40% | 50% | 60% |
|---|---|---|---|
| 강한 규제지역 아파트 (서울, 과천, 세종, 분당, 광명, 하남 등) | 원칙 | – 보금자리론 이용자<br>– 강한 규제지역 서민·실수요자[1] | 디딤돌대출 이용자 보금자리론 실수요자[2] |
| 약한 규제지역 아파트 (고양, 남양주, 동탄2, 광교, 안양 동안구 등) | 해당사항 없음 | 원칙 (보금자리론 실수요자가 아닌 보금자리론 이용자 포함) | – 디딤돌대출 이용자<br>– 보금자리론 실수요자<br>– 약한 규제지역 서민·실수요자[3] |
| 수도권 비규제지역 아파트 | 해당사항 없음 | | 원칙 |
| – 단독주택·연립빌라 (지역 무관)<br>– 비수도권 (주택 유형 무관) | DTI 규제 없음 | | |

1 아파트 가격 6억 원 이하, 부부 연봉 8,000만 원(주택 구입 유경험자는 7,000만 원) 이하, 무주택자.
2 아파트 가격 5억 원 이하, 부부 연봉 7,000만 원 이하, 무주택자로서 민간 주택담보대출이나 적격대출이 아닌 보금자리론을 실제 이용하는 자.
3 아파트 가격 5억 원 이하, 부부 연봉 7,000만 원(주택 구입 유경험자는 6,000만 원) 이하, 무주택자.

봉의 5배를 넘는다고 해서 나쁜 대출이 아니라는 얘기입니다.

117페이지의 표에서 보듯 서울 같은 강한 규제지역(투기과열지구, 투기지역)에서 기본 DTI는 40%이지만 보금자리론 이용자(이용 요건 충족 및 실제 이용)나 서민·실수요자는 DTI가 50%로 확대되고 이 중 디딤돌대출 이용자(이용 요건 충족 및 실제 이용)와 보금자리론 실수요자는 DTI가 60%로 늘어납니다. 삼송지구나 지축지구 같은 경기도 고양시 일대 아파트를 포함한 약한 규제지역 아파트의 기본 DTI는 50%인데 디딤돌대출 이용자와 보금자리론 실수요자(실제 보금자리론 이용 기준), 청약조정대상지역 기준 서민·실수요자는 DTI가 60%로 올라갑니다. 경기도 파주시나 김포시 아파트처럼 규제지역이 아닌 수도권 지역의 아파트는 일률적으로 60%의 DTI가 적용됩니다. 서울 주택이라도 아파트가 아니면 전혀 DTI를 보지 않습니다. 아파트라도 수도권 이외 지역의 비규제지역(광주광역시, 대전광역시, 울산광역시, 경북 안동시 등)에서는 DTI 규제가 없습니다.

하지만 이처럼 DTI 규제가 없거나 DTI 허용한도가 60%에 달하더라도 50% 이내의 DTI를 충족하는 방향으로 신독愼獨의 자세를 견지하길 추천합니다. 빌려준다고 해도 갚을 수 없으면 나쁜 빚이기 때문입니다.

## DSR 때문에 대출 어려워진다던데…

DTI와 더불어 언론 보도에서 이따금 접했을 DSRDebt Service Ratio
이라는 생소한 표현을 둘러싼 불필요한 두려움을 발라내보겠습니다.
'총부채원리금상환비율'로 번역되는 DSR과 DTI(총부채상환비율)의
차이는 이렇습니다.

먼저 DTI는 분자에서 주택담보대출만 원금상환액을 반영하고 신
용대출 등 다른 대출은 이자만 계산하는 반면 DSR은 모든 대출의
원리금상환액을 반영합니다. 1년 만기 이자만 내는 신용대출도 10년
동안 원금을 나눠 갚는다고 전제하고 총원리금상환액(분자)을 계산
합니다. 따라서 DSR은 DTI보다 높게 산출됩니다. (신용대출 없이 1개
의 주택담보대출만 받는 분들은 DSR과 DTI가 동일합니다.)

또 다른 차이는 DTI는 주택담보대출 신규신청 상황에서만 계산하
는 반면 DSR은 신용대출이나 자동차 할부 같은 모든 유형의 대출 신
청 상황에서 금융회사가 따진다는 점입니다.

DTI는 40%, 50%, 60%라는 정부 차원에서 설정한 규제한도가 있
습니다. 반면 DSR은 정부에서 이 기준을 일률적으로 정해주지 않고
은행 등 금융회사들이 자율적으로 높은 DSR과 그렇지 않은 DSR을
구분합니다.

정부 차원의 강제성도 없을 뿐 아니라 DTI보다 잣대가 덜 엄격합
니다. 은행에 따라 60% 이상을 높은 DSR로 보기도 하고 80% 이상

을 높은 DSR로 보기도 합니다. 정부는 국내 시중은행들에게 신규 대출의 85%를 DSR 70% 이내로 관리하라고 주문합니다. 월급의 70%를 원금과 이자를 갚는 데 쓸 분들이 아니라면 걱정할 일이 없는 지표입니다. 무주택자가 연봉 범위의 신용대출과 LTV, DTI를 충족하는 주택담보대출을 받아 아파트를 사거나 1주택자가 기존 아파트를 팔고 또 다른 실거주 목적 아파트를 사서 이사 갈 때 신경 쓸 지표가 아닙니다. 여러 개의 주택담보대출을 받아 여러 채 아파트를 사거나 카드론 같은 2금융권 대출이 무분별하게 많은 분이 걱정할 지표입니다.

# 원금균등 분할상환방식으로
# DTI 낮추기 전략

연봉 3,500만 원인 결혼 4년차 외벌이 가장 A씨는 2억 2,000만 원의 전세보증금에 4억 원의 적격대출을 보태 6억 2,000만 원짜리 인천 송도 아파트를 구입하려 합니다. 월급의 절반 이상을 원리금에 쓸 각오는 돼 있습니다. 주택담보대출을 받아 내 집 마련 시기를 앞당기고 원금을 나눠 갚으며 자산을 축적하는 게 합리적이라고 판단했기 때문입니다.

문제는 DTI입니다. 연이율 3.35%의 적격대출을 만기 30년 원리금 균등 분할상환방식으로 받을 경우 30년간 총원리금은 6억 3,462만 7,187원이고 연평균 원리금은 2,115만 4,240원입니다. 따라서 DTI는

60.4%로 규제비율(60.0%)을 초과합니다.

아파트 가격대를 낮춰 대출 규모를 줄이면 DTI를 60% 이하로 맞출 수 있지만 눈여겨본 아파트를 포기하기 싫습니다. 이 경우 방법 중 하나는 만기가 최장 30년으로 제한돼 있는 적격대출을 포기하고 만기가 35년까지 가능한 민간 주택담보대출(1~5년차 고정금리, 6~35년차 변동금리)을 받는 방법입니다. 35년간 총 원리금은 6억 7,980만 6,703원으로 늘어나지만 연평균 원리금상환액은 1,942만 3,049원으로 줄어듭니다. DTI는 48.6%로 규제비율을 충족하는 데 문제가 없습니다.

하지만 6년 뒤 변동금리로 전환되는 민간 주택담보대출을 받으면 향후 금리인상에 따라 이자 부담이 늘어날까 걱정됩니다. 적격대출을 고수하면서 DTI를 충족하는 또 다른 방법은 '원리금균등' 분할상환방식을 '원금균등' 분할상환방식으로 전환하는 것입니다.

원리금균등 분할상환방식은 1회차(첫해 첫 달)부터 36회차(30년째 해 12개월째 달)까지 매월 은행에 내는 원리금이 176만 원가량으로 동일합니다. 첫 달에는 64만 6,188원의 원금과 111만 6,666원의 이자를 내는데 뒤로 갈수록 원금은 늘어나고 이자는 줄어듭니다. 마지막 달에는 175만 7,710원의 원금과 4,906원의 이자를 냅니다.

원리금균등 분할상환방식이 매월 '원금+이자'를 동일하게 유지하는 구조라면 원금균등 분할상환방식은 매월 같은 원금을 내는 구조입니다. 첫 달부터 마지막 달까지 매월 111만 1,111만 원이라는 동일

**원리금균등 분할상환방식과 원금균등 분할상환방식**

| 구분 | 분할상환방식 | |
|---|---|---|
| | 원리금균등 | 원금균등 |
| 개념 | 매월 같은 원리금(약 176만 원) 납부 | 매월 같은 원금(약 111만 원) 납부 |
| 장점 | 초기 원리금 부담 상대적으로 낮음 | 초기 원리금 부담 상대적으로 높음 |
| 단점 | 총이자액 부담 증가 | 총이자액 부담 감소 |
| 총이자액 | 2억 3,462만 7,202원 | 2억 155만 4,111원 |
| 총원리금 | 6억 3,462만 7,187원 | 6억 155만 8,167원 |
| 연평균 원리금 | 2,115만 4,240원 | 2,005만 1,940원 |
| DTI | 60.4% (규제비율 초과, 대출 불가) | 50.1% (규제비율 충족, 대출 가능) |

한 원금을 내고 이자는 첫 달 113만 8,082원에서 3,051원으로 가파르게 줄어드는 구조입니다. 원금을 빠른 속도로 갚기 때문에 30년 동안 내야 할 총이자액(2억 155만 4,111원)이 원리금균등 분할상환방식(2억 3,462만 7,202원)보다 3,000만 원 이상 작습니다.

30년간 총원리금 역시 원리금균등 방식(6억 3,462만 7,187원)보다 3,000만 원 이상 줄어든 6억 155만 8,167원입니다. 연평균 원리금상환액은 2,005만 1,940원. DTI는 50.1%로 원리금균등 방식과 달리 규제비율을 충족합니다.

tip

DTI 계산의 기준이 되는 연소득은 통상 전년도 근로소득원천징수영수증에 나타난 소득금액입니다. 하지만 20대 후반에서 30대 초반 젊은 사원, 대리급 직장인의 경우 향후 일정한 소득 증가가 이뤄질 것을 감안해 DTI 계산을 위한 소득을 실제 소득의 5~10%가량 더 쳐주기도 합니다.

직전 2년간의 근로소득원천징수영수증을 제출하면 은행이 자체적인 방법으로 미래 소득을 추정하고 DTI의 분모인 연소득을 높입니다. 이 경우 DTI가 상대적으로 낮아질 수 있습니다. 이처럼 장래 소득 증가가 DTI 계산에 반영되려면 만기 10년 이상의 비거치식 분할상환대출을 받아야 합니다. 이자만 내고 원금을 갚지 않는 거치식 대출은 안 된다는 얘기입니다.

부부 소득을 합산하는 경우 배우자가 2년치 근로소득 증빙자료를 제출하면 배우자의 장래 예상소득 증가분도 반영됩니다.

입사한 지 1년이 되지 않은 경우, 가령 입사 7개월차 신입사원도 직전 6개월치 소득을 1년차 소득으로 환산해 주택담보대출을 받을 수 있습니다. 대신 환산된 소득에서 일정 비율(10%)을 차감합니다. 가령 4개월차 신입사원의 직전 3개월 소득이 900만 원이라면 연 환산소득은 3,600만 원(900×4)입니다. 이 중 10%(300만 원)를 뺀 3,240만 원이 DTI의 분모가 된다는 얘기입니다. 신입사원이 아니라 육아휴직을 마치고 복직한 워킹맘의 경우 이처럼 10%를 차감하지 않습니다.

# 아파트 매매계약
## 실전 노하우

이 장에서는 아파트 매매계약 실전 노하우를 살펴봅니다. 우선 아래 표를 통해 아파트 매매 절차에 대해 알아보겠습니다.

**아파트 매매 절차 개관**

| 구분 | 기존 아파트 매매(소유권이전등기) | 신규분양 아파트 입주 |
|---|---|---|
| 가계약 | 매매가에 따라 50만~1,500만 원 | 해당사항 없음 |
| 본계약 | 통상 매매가의 10% 내외<br>(협의 가능, 가계약금 포함 기준) | 통상 매매가의 10%<br>(입주자모집공고분 기준) |
| 중도금 납부 | 매매가의 20~30% 내외<br>(의무사항 아님)<br>※ 중도금대출 원칙적 불가 | 통상 매매가의 60%<br>(의무사항, 10%씩 6차례 분할납부)<br>※ 중도금대출 일반적 |
| 잔금 납부 | 나머지 금액(매매가의 90~60%)<br>※ 계약서상 지정일(통상 하루) | 통상 매매가의 30%<br>※ 별도 공고된 지정기간(통상 2개월) |

## 계약금은 신용대출로… 청약저축은 깨라

갚을 수 있는 빚을 내 사고 싶은 집이 있다면 당장 시작하는 게 좋습니다.

아파트 구입은 통상 '아파트 물색 → 가계약(필수 아님) → 계약(본계약) → 중도금 납부(필수 아님) → 잔금 납입 및 입주' 순으로 진행됩니다. (이 장은《35세, 1억으로 내 아파트 갖기》를 토대로 재작성했습니다.)

마음에 드는 아파트를 고른 후 주택담보대출과 신용대출을 통해 매매가를 마련하는 데 문제가 없는지 은행에 먼저 확인합니다. 이후 자금조달에 문제가 없다고 판단할 경우 이른바 '가계약'을 진행하게 됩니다. 가계약은 적게는 50만~100만 원, 많게는 1,000만~1,500만 원을 매도인(원소유자) 계좌로 송금하는 방식으로 이뤄집니다. 중도금 납부 여부와 금액, 잔금(입주) 날짜 혹은 잔금(입주) 기간에 대한 대략적인 합의가 선행돼야 합니다.

공인중개사 사무실을 돌고 돌아 모처럼 마음에 들고 조건에 맞는 매물을 찾았는데 매매가의 10%에 해당하는 계약금을 하루 안에 마련하기는 어렵기 때문에 통상 가계약을 합니다. 100만 원의 가계약금을 쳤는데 매도인이 1,000만 원 이상 비싸게 사겠다는 새로운 매수자를 찾을 경우 매도인은 100만 원의 가계약금을 포기할 수 있습니다. 100만 원을 포기함으로써 900만 원의 추가 이익을 얻을 수 있기 때문입니다. 따라서 해당 지역 시세변동 추이를 감안해 넉넉한 가

**가계약금 500만 원, 계약 파기 손익분석**

| 구분 | 손해배상 | 손익분석 | 계약 파기 방지방안 |
|---|---|---|---|
| 매도인 파기 시<br>(매도인 우위 상황) | 1,000만 원 반환<br>(500만 원 손해) | 3억 500만 원 초과<br>신규 매수인 찾으면<br>계약 파기 이익 | 매수인 주도의<br>가계약금 상향 협의 |
| 매수인 파기 시<br>(매수인 우위 상황) | 가계약금 포기<br>(500만 원 손해) | 2억 9,500만 원 미만<br>신규 매도인 찾으면<br>계약 파기 이익 | 매도인 주도의<br>가계약금 상향 협의 |

* 매매가 3억 원 기준.

계약금을 걸어놓는 게 좋습니다.

본계약일은 가계약 이후 일주일 안으로 잡는 게 보통입니다. 본계약일에는 매매가의 10% 상당의 계약금을 준비합니다. 예·적금 등 현금성 자산으로 계약금이 부족하다면 연봉 수준의 한도가 나오는 신용대출을 받으면 됩니다. 오랫동안 납입해둔 청약저축이 아까워서 주택 구입 자체를 포기하거나 목표치를 낮추는 일이 없기를 바랍니다.

청약저축을 해지한 돈으로 일단 원하는 주택에 입주하고, 구입한 주택에 입주한 즉시 새롭게 청약저축 납입을 시작해도 서울 기준 1순위 청약을 노리는 데 문제가 없습니다. 입주 직후 최초 2년 이내에 집을 되파는 경우는 흔치 않습니다. 양도소득세 비과세 요건을 충족하기 위해서는 최소 2년 동안 구입한 아파트를 보유해야 하기 때문입니다.

1순위 청약 요건을 달성하기 위해서는 2년 동안의 청약 납입이 필수적입니다. 가점제 방식 청약에서 주택청약종합저축 납입기간 항목의 가점이 낮아지는 문제가 있는데 서울의 경우 유주택자는 어차피 전용면적 85m² 이하 아파트에 대한 추첨제 청약이 불가능하고 가점제의 경우 무주택기간이 '0점'이라 가능성이 미미합니다. 1주택자가 되고 2년 동안 청약저축을 납입한 후 전용면적 85m² 초과 아파트에 대한 추첨제 방식 분양 당첨을 노려도 된다는 얘기입니다.


## 중도금은 의무 아냐… 피할 수 없다면
## '매도인 담보 매수인 명의 대출'로

예·적금에 더해 신용대출을 받고 청약저축까지 해지해 계약금을 마련했지만 매도인이 요구하는 중도금 1억~2억 원은 마련할 길이 막막합니다.

중도금은 말 그대로 계약금(매매가의 10%) 납입 시점과 잔금 납입 시점 사이에 매수인이 매도인에게 매매대금의 일부를 납입하는 개념입니다. 통상 분양가의 60%인 신규분양 아파트 중도금이 입주자모집공고문에 따라 의무적으로 납입해야 하는 대금인 반면, 기존 아파트 매매 중도금은 의무나 필수가 아닙니다.

하지만 중도금을 요구하는 매도인이 많습니다. 매도인 역시 기존 아파트를 되팔고 새로운 아파트를 매입하면서 또 다른 매도인이 요구하는 중도금을 마련해야 하기 때문입니다.

현금 사정이 빠듯한 매수인 입장에서는 가능하면 중도금이 없거나 중도금을 최소화하는 방향으로 가계약 단계부터 계약 조건을 확정하는 게 좋습니다. 중도금은 의무가 아니기 때문입니다. 하지만 중도금을 받겠다는 매도인에게 중도금을 무조건 포기하라고 강제할 방법도 없습니다. 중도금 여부와 금액, 시기는 매도인과 매수인 양자 간 합의사항이기 때문입니다.

중도금 여부, 금액, 시기를 포함한 매매계약 조건은 해당 아파트 단지나 일대 부동산시장의 상승세가 심할수록, 이른바 '매도자 우위' 현상이 강할수록 매수인이 매도인의 요구를 거절하기 어렵습니다. 반면 이 같은 매도자 우위 현상이 심하지 않거나, 거꾸로 매수자 우위 상황에 있을 경우 중도금을 생략하자는 매수인의 요구를 매도인이 받아들일 가능성이 높아집니다. 매도자 우위가 약하거나 매수자 우위 상황인 경우 아예 공인중개사 사무실에 아파트 매수를 의뢰하면서 중도금 생략을 전제조건으로 내걸고 매물을 알아보는 것도 방법입니다 (첫 아파트 구입 때는 지나친 매도자 우위 아파트를 피하는 게 좋습니다).

계약금을 10%가 아니라 20%가량으로 높이거나, 계약일과 입주일 (잔금) 사이의 간극을 좁히자고 매도인에게 제안하는 것도 방법입니다.

입지나 가격, 입주 시기 등 조건이 들어맞는 최적의 매물이 있는데 매도인의 중도금 요구를 거절할 수 없는 상황이라면 매도인의 양해를 구해 들어갈 집을 담보로 미리 주택담보대출을 받는 방법도 있습니다. 매매 절차가 완료되기 이전의 상황이기 때문에 매도인이 (아직) 자신이 보유하고 있는 아파트를 은행에 담보로 제공하고 매수인이 대출 명의자(차주)가 돼 대출이 이뤄지는 방식입니다. 금융권에서는 '제3자 명의 담보대출'이라고 부릅니다.

매도인 입장에서는 매수인이 대출을 제때 상환하지 않을 가능성을 배제할 수 없기 때문에 약간의 위험을 감수해야 하는 대목이지만, 매도인만 승낙한다면 매수인이 부담해야 할 위험은 없습니다. 다만 목돈을 미리 내고 이자까지 부담하는 셈이기 때문에 재무적으로는 손해입니다. 제3자 담보 제공 방식 대출을 받을 때는 중도금을 내지 않았을 경우에도 입주(잔금) 시점에 받으려고 계획했던 대출금액을 미리 다 받아두는 게 좋습니다. 즉 입주 시점에 집값(5억 원)의 50%(2억 5,000만 원)까지 대출을 받을 요량이었다면 중도금대출을 매도인이 요구한 1억 원만 받지 말고 2억 5,000만 원 전액 대출해놓으라는 얘기입니다. 매도인 요구금액만큼 매도인에게 미리 중도금으로 납부하고 나머지 1억 5,000만 원은 마이너스통장에 넣어두거나 단기예금에 넣어두면 됩니다.

입주(잔금) 시점에 아파트 명의가 변경되면 담보 제공자가 자신이 되고 대출 명의자도 자신이 되는 평범한 상황으로 돌아옵니다.

## 기존 전세대출은 입주 시점 주택담보대출 대체 상환

전세나 반전세에 거주하다가 처음으로 내 집 마련을 계획하는 사람들이 심리적으로 주저하는 대목이 기존 전세보증금에 설정돼 있는 전세자금대출입니다. 예컨대 보증금 2억 원과 월세 50만 원 조건으로 반전세 임차 아파트에 거주하는데 2억 원 보증금에 1억 원의 전세자금대출이 남아 있는 경우를 생각해볼 수 있습니다. 이 전세자금대출 1억 원을 갚아야 주택담보대출이 가능한 것이 아니냐는 걱정들을 많이 합니다.

하지만 아파트 매매계약에 따라 입주 시점(구입한 아파트 잔금 납부를 위한 주택담보대출 실행 시점)이 확정되고 해당 시점에 맞춰 기존 전셋집의 퇴거(전세보증금 환급) 역시 확정된다면 문제가 없습니다. 나머지는 두 곳의 은행이 알아서 합니다. KB국민은행에 전세자금대출 1억 원이 있고 우리은행에서 주택담보대출 2억 5,000만 원을 받기로 했다면 우리은행에서 전세 퇴거일, 즉 구입 아파트 입주일에 2억 5,000만 원에서 전세자금대출 1억 원, 전세자금대출 잔여 이자, 전세자금대출 중도상환수수료를 차감해 1억 5,000만 원이 조금 안 되는 돈을 임차인 겸 매수인에게 지급합니다. 임차인 겸 매수인이 KB국민은행에 상환했어야 할 전세자금대출을 우리은행이 대신 상환(대환)하는 방식입니다(두 은행 실무자가 알아서 만납니다).

기존 전셋집 임대인(집주인)은 임차인의 전세자금대출 보유 여부와 무관하게 2억 원의 보증금을 정확하게 임차인에게 돌려주면 그만입니다.

## 전세 만기 때까지 기다리지 않는 지혜

전세자금대출의 존재보다 예비 주택 구입자를 주저하게 만드는 또 다른 고민은 다름 아닌 '막 계약한 전·월셋집'입니다. 향후 물가상승률 이상의 집값 상승세를 예상하고 10년 이상 거주하고 싶은 인근 아파트를 구입하고 싶은데 '막 이사했다는 사실'이 마음에 걸립니다.

주저함을 떨칠 수 없는 이유는, 첫째 단기간 내에 두 차례나 지불될 이사비용이고, 둘째 전세 임대차 계약기간이 남아 있는 상태에서 임대차 계약을 해지하는 데 따른 부동산 중개보수 부담입니다.

새 전셋집 임대차 계약기간이 끝날 때까지 내 집 마련을 미루는 게 맞을까요? 결론은 '아니다'입니다.

첫 번째 이유는 냉정하게 말하면 아예 이유가 안 됩니다. 임대차 계약을 중도해지하고 곧바로 아파트를 구입해 해당 아파트로 이사하든, 구입 및 이사 시기를 임대차 기간 종료 시점으로 미루든 한 차례의 이사에 따른 비용이 소요된다는 사실은 매한가지이기 때문입니다.

두 번째 역시 이유가 되기 어렵습니다. 전셋집 임대차 기간 만료일에 맞춰 새롭게 구입한 아파트에 잔금을 내고 입주할 수 있다면 중도계약 해지에 따른 기존 전셋집 중개보수 부담이 사라지는 것은 맞습니다. 문제는 기존 전셋집 임대차 기간 만료일과 신규주택 입주일(잔금일)을 정확하게 일치시키기 어렵다는 점입니다.

특히 길게는 2년에 가까운 기간 동안 구입하려는 아파트의 시세가 상승할 가능성이 높다고 보는 분들에게는 임대차 계약 중도해지에 따른 중개수수료를 부담하고 아파트 구입 시기를 앞당기는 게 합리적인 선택입니다.

전·월셋집에 거주하면서 실거주 목적으로 신규주택 구입을 염두에 둔 분들이 알아두면 좋은 중요한 개념은 '묵시적(암묵적) 계약 연장'입니다. 보증금 2억 원에 월세 30만 원짜리 아파트에 살고 있는데 계약 조건 변경에 대해 계약 만기 1개월 전까지 임대인과 임차인이 상호 간 연락을 통해 어떠한 논의도 하지 않았다면 임대차 계약은 자동적으로 연장되는데, 이를 '묵시적(암묵적) 계약 연장'이라고 합니다.

이렇게 묵시적 계약 연장을 거쳐 거주하고 있는 전·월셋집에서 임차인(세입자)은 3개월 이전에 사전 통지하는 조건으로 중도 퇴거에 따른 전세보증금의 조건 없는 반납을 요구할 수 있습니다. 임대인은 새 세입자를 구했느냐 여부와 무관하게 임차인에게 전세보증금을 정확한 날짜에 돌려줘야 합니다.

예컨대 2018년 10월 30일까지 상호 간에 아무런 논의가 없어 같은 해(2018년) 11월 30일 기준 2020년 11월 30일까지 묵시적 계약 연장된 아파트 임대차 계약을 가정하면, 임차인은 2020년 11월 30일까지 거주할 권리가 있고 임대인은 임차인에게 양해를 구하지 않은 채 임차인 퇴거를 요구할 수 없습니다. 임대인과 달리 임차인은 2018년 12월 말경 새로운 아파트 매매계약을 체결하면서 2019년 4월 2일에 매매 잔금을 내고 입주하기로 한 후, 2019년 1월 1일 임대인에게 "3개월 뒤인 2019년 4월 2일 기존 전·월셋집에서 퇴거 방침이므로 전세보증금을 반환해달라"고 요구할 수 있습니다.

묵시적 계약 연장 상황인데도 새로운 임차인을 물색하지 못했다는 이유로 전세보증금 반환을 거부하는 임대인이 간혹 있는데 소송 등을 통해 전세보증금을 돌려받거나, 그렇지 않을 경우 손해배상을 받을 수 있는 사안입니다.

마지막으로, 묵시적 계약 연장이 아니라 일반적인 중도계약 해지의 경우 임차인이 부담해야 할 중개보수의 범위를 따져보겠습니다. 당초 3억 원의 전세계약을 체결했

**기존 임차인 중도계약 해지 시 중개보수 배분방식**

| 구분 | 전세보증금 | 중개보수 | | |
|---|---|---|---|---|
| | | 기존 임차인 | 임대인 | 신규 임차인 |
| 기존계약 전세금 | 3억 원 | 120만 원 | 120만 원 | 해당사항 없음 |
| 신규계약 체결전세금 | 3억 5,000만 원 (5,000만 원 상향) | 120만 원 | 20만 원 | 140만 원 |

* 최대 중개보수(부가가치세 별도) 기준.

는데 중도에 해지할 경우 같은 조건(보증금 3억 원)으로 새로운 임차인이 들어오면 되지만 임대인이 오른 전세 시세를 감안해 3억 2,000만 원에 새로운 전세계약을 체결할 수 있습니다. 이 경우 중도에 계약을 해지한 기존 임차인은 3억 원에 해당하는 중개보수만 부담하면 되고 2,000만 원에 해당하는 중개보수는 임대인이 부담할 몫입니다. 3억 2,000만 원에 해당하는 중개보수를 기존 임차인으로서 모조리 부담하는 일이 없도록 유의하시길 바랍니다.

# 신용대출도
# 분할상환하자

취득세와 이사비용, 공인중개수수료, 새집 이사에 따른 가구·인테리어 비용으로 내 집 마련 첫해에는 아무래도 비용 부담이 만만치 않습니다. 하지만 이듬해부터는 신용대출도 갚아나갈 준비를 해야 합니다.

신용대출은 통상 1년 만기 거치식(이자만 내는) 방식으로 받습니다. 이렇게 1년 단위로 만기를 1년씩 연장하는 방식입니다. 여유가 생겨 신용대출 원금도 갚을 만하다고 자신이 생겼을 때는 신용대출 연장 시점에 원리금균등 분할상환방식이나 원금균등 분할상환방식으로 신용대출 상환구조를 바꿔 신용대출을 받으면 됩니다. 은행별로 통

| 구분 | 거치식 신용대출<br>(1년 단위 연장) | 원리금균등 분할상환 | 원금균등 분할상환 |
|---|---|---|---|
| 월 원리금 | 10만 원<br>(원금상환 X) | 55만 2,500원<br>(일정) | 60만 1,916원(1회차)~<br>50만 1,643원(60회차) |
| 1개월차 이자 | 10만 원 | 10만 원 | 10만 1,917원 |
| 60개월차 이자 | 10만 원 | 1,835원 | 1,643원 |
| 총이자액 | 600만 원 | 314만 9,707원 | 304만 9,527원 |
| 5년 뒤 대출 잔액 | 3,000만 원 | 0원 | 0원 |

상 길게는 5년 만기 분할상환방식 신용대출 상품을 운영합니다.

연이율 4.0%의 3,000만 원 신용대출을 가정할 때 매년 120만 원, 매월 10만 원의 이자를 냅니다. 이자만 내니 대출원금은 줄어들지 않습니다. 하지만 5년 만기 원리금균등 분할상환방식을 택하면 매월 55만 2,500원가량의 원리금을 갚으면서 이자만 내는 신용대출보다 총이자액을 줄일 수 있습니다. 원금균등 분할상환방식의 경우 초기 원리금 부담은 높지만 총이자액이 거치식 신용대출은 물론 원금균등 분할상환방식보다 줄어듭니다.

## 취득세도 대출이 된다고?

아파트를 구입하면 아파트 가격(매매계약서상 매매가 기준)의 1.1%(6억 원 이하), 2.2%(6억 원 초과 9억 원 이하), 3.3%(9억 원 초과, 이상 전용면적 85㎡ 이하 기준)에 해당하는 취득세(지방교육세 포함, 이하 지방교육세 생략)를 내야 합니다. 아파트 가격이 6억 원이면 660만 원, 7억 원이면 1,540만 원의 취득세를 관할 지방자치단체에 납부해야 합니다.

신용대출에 주택담보대출까지 받아 겨우 아파트 매매대금을 마련했는데 취득세 부담이 만만치 않습니다. 이 경우 길게는 6개월까지 무이자 혜택이 제공되는 신용카드 무이자 할부 행사를 이용해 취득세를 나눠 내면 됩니다. (신용카드 할부도 할부기간 동안의 대출입니다.)

취득세는 주택 구입 이후 2개월 이내에 납부하면 되지만, 주택담보대출을 받는다면 대출 실행일(통상 입주일)에 납부해야 합니다.

취득세는 구입한 주택이 소재한 관할 지방자치단체에 납부합니다. 서울 기준 '서울시 지방세 인터넷 납부시스템 홈페이지(https://etax.seoul.go.kr)나 지방을 포함한 전국 기준 위택스(https://www.wetax.go.kr) 홈페이지에서 신용카드사별 무이자 할부 조건을 알아볼 수 있습니다.

신용카드 이용한도가 문제될 수 있겠습니다. 신용카드 이용한도가 1,000만 원대나 2,000만 원대에 달하는 사람들은 많지 않습니다. 하지만 취득세 납부 용도로 이용한도를 늘려달라고 신용카드사에 요청하면 한도를 늘려줍니다. 신용카드사 대표번호로 전화를 걸어 상담원을 연결하고 취득세 납부 목적의 이용한도 상향을 요청합니다. 이후 소득금액 증빙서류(주로 전년도 근로소득원천징수영수증), 매매 증빙서류(매매계약서 또는 분양 아파트의 경우 공급계약서)를 신용카드사 상담원이 안내한 팩스번호로 송부합니다. 이후 신용카드사는 한 달가량 한도를 일시적으로 늘려줍니다. 예컨대 9억 원짜리 아파트를 구입할 예정인데 취득세를 신용카드로 납부하겠다고 소명하면 취득세(지방교육세 포함) 납부에 필요한 1,980만 원 이상으로 신용카드 한도가 상향됩니다.

일반적으로 취득세는 '소유권이전등기일 이후 2개월 이내'에 납부해야 합니다. 주택담보대출을 받지 않았거나 분양 아파트라면 취득세를 입주일에 맞춰 납부할 필요 없이 한두 달 뒤에 납부해도 됩니다. 여기에 신용카드 무이자 할부 행사까지 이용하면 목돈이 빠져나가는 시기를 최대한 늦출 수 있습니다.

하지만 주택담보대출을 받으면서 주택을 구입할 때는 주택담보대출 실행일(통상 입주일=잔금일)에 취득세를 지자체에 납부해야 합니다. 통상 은행에서 주택담보대출을 받아 주택을 구입할 때는 소유권이전등기 절차를 은행에서 섭외한 법무사에게 위임하게 됩니다. 주택담보대출을 신청하면서 은행 직원에게 취득세를 신용카드로 납부하겠다고 통보하면 주택담보대출 실행일에 법무사가 취득세 납부에 필요한 전자납부번호를 휴대전화 문자메시지로 주택 구입자에게 알려줍니다. 서울시 지방세 인터넷 납부시스템 홈페이지(또는 앱)나 위택스 홈페이지(또는 앱)에 접속해 해당 전자납부번호를 입력하고 취득세를 납부하면서 무이자 할부가 가능한 범위에서 할부로 취득세를 납부하면 됩니다. 마이너스통장 잔액으로 취득세를 납부할 계획을 갖고 있는 분이라면 신용카드 무이자 할부를 통해 마이너스통장 이자를 최소화할 수 있는 셈입니다. 참고로 주택 취득세가 아닌 자동차 취득세 등도 이처럼 신용카드 무이자 할부를 활용할 수 있습니다.

**지방세 무이자 할부 행사 현황**

| 무이자 할부기간 | 대상 신용카드사 |
| --- | --- |
| 3개월 | 현대카드, 삼성카드, 롯데카드, 광주카드, 수협카드, 전북은행JB카드 |
| 5개월 | BC카드, NH농협카드, 씨티카드 |
| 6개월 | KB국민카드, 신한카드 |
| 7개월 | 우리카드 |

* 5만 원 이상 지방세 납부 기준. 2018년 하반기 서울시 기준. 순수 무이자 할부 기준(부분 무이자 할부 제외).

# PART 4

# 빚내서 집 사기
# 최종 팩트 체크

"교육의 위대한 목표는 앎이 아니라 행동이다."

– 허버트 스펜서Herbert Spencer(1820~1903)

# 5억 원과 6억 원, 9억 원이라는
## 중요한 고비

염두에 둔 아파트 중 '저층이거나 집 상태가 상대적으로 떨어지는 6억 원짜리 아파트'와 '고층이거나 집 상태가 좋은 6억 1,000만 원짜리 아파트' 중 고민된다면 6억 원짜리 아파트를 우선적으로 고려할 필요가 있습니다. 집값이 6억 원 이하에서 6억 원 초과로 바뀌면서 취득세 부담이 2배로 늘어나고 서울 등 규제지역에서 대출한도가 축소될 뿐 아니라 보금자리론이나 디딤돌대출 가입 자격마저 상실되기 때문입니다.

결정적인 요인은 취득세(취득세를 '취등록세'라고 부르는 분들도 적지 않은데 이는 과거에는 취득세와 등록세가 별도로 존재했기 때문입니다. 지금

**부동산 취득세와 합계세율**

| 구분 | | | 취득세 | 농어촌특별세 | 지방교육세 | 합계세율 |
|---|---|---|---|---|---|---|
| 주택 | 6억 원 이하 | 85m² 이하 | 1% | 비과세 | 0.1% | 1.1% |
| | | 85m² 초과 | 1% | 0.2% | 0.1% | 1.3% |
| | 6억 원 초과 9억 원 이하 | 85m² 이하 | 2% | 비과세 | 0.2% | 2.2% |
| | | 85m² 초과 | 2% | 0.2% | 0.2% | 2.4% |
| | 9억 원 초과 | 85m² 이하 | 3% | 비과세 | 0.3% | 3.3% |
| | | 85m² 초과 | 3% | 0.2% | 0.3% | 3.5% |
| 주택 외 매매(토지, 건물 등) | | | 4% | 0.2% | 0.3% | 4.6% |

은 등록세는 따로 없고 취득세로 통합됐습니다)입니다. 취득세(지방교육세 포함, 이하 취득세로 통칭)는 매매계약서상의 매매가(KB시세와 무관)를 기준으로 부과됩니다. 매매가가 6억 원 이하인 경우 매매가의 1.1%, 6억 원 초과 9억 원 이하인 경우 매매가의 2.2%, 9억 원 초과인 경우 취득세는 3.3%(이상 전용면적 85m² 이하 기준)입니다. 아파트 전용면적이 85m²(공급면적 기준 34평)를 초과하면 0.2%의 농어촌특별세가 추가로 부과됩니다(아파트가 농어촌 소재 아파트냐 여부와 무관합니다).

취득세율이 6억 원에서 단돈 1만 원이라도 초과하면 취득세가 1.1%에서 2.2%로 껑충 뛰어오릅니다. 예컨대 매매계약서상 매매가액이 6억 원일 때 취득세 는 660만 원인데 매매가액이 6억 500만 원이 되면 취득세는 1,331만 원입니다. 매매가액이 500만 원 올랐을 뿐인데 취득세 등 부담이 671만 원이나 뛰는 것입니다.

취득세 말고도 6억 원 이하 아파트에 집착해야 하는 이유는 LTV

**부동산 취득세 계산 예시**

| 매매계약서상<br>매매가액 | 총 세금 | 합계세율<br>(A+B) | 취득세율<br>(A) | 지방교육세율<br>(B) |
|---|---|---|---|---|
| 3억 원 | 330만 원 | 1.1% | 1% | 0.1% |
| 5억 9,000만 원 | 649만 원 | 1.1% | 1% | 0.1% |
| 6억 원 | 660만 원 | 1.1% | 1% | 0.1% |
| 6억 1,000만 원 | 1,342만 원 | 2.2% | 2% | 0.2% |
| 8억 9,000만 원 | 1,958만 원 | 2.2% | 2% | 0.2% |
| 9억 원 | 1,980만 원 | 2.2% | 2% | 0.2% |
| 9억 500만 원 | 2,986만 5,000원 | 3.3% | 3% | 0.3% |
| 11억 원 | 3,630만 원 | 3.3% | 3% | 0.3% |

* 전용면적 85㎡ 이하 기준.

규제비율 때문입니다. 서울과 과천, 세종, 분당, 하남 같은 강한 규제 지역에서 기본 LTV 규제비율은 40%입니다. 집값(계약서상 매매금액과 KB시세 일반평균가 중 낮은 금액)의 40%로 대출한도가 제한된다는 얘기입니다.

그런데 보금자리론 이용자는 LTV 한도가 많게는 60%까지 올라갑니다. 보금자리론의 집값 기준은 6억 원 이하입니다. 6억 1,000만 원짜리 아파트를 구입하면 LTV 규제비율이 40%로 제한되는 반면, 일정한 소득 요건을 충족하는 무주택자가 6억 원 이하 아파트를 구입하면 40% 초과 70% 이하 LTV를 달성할 수 있습니다. 4억 원 아파트를 살 때 2억 8,000만 원(LTV 70%)의 보금자리론을 받을 수 있고, 6억 원 아파트를 살 때 3억 원(LTV 50%)을 대출할 수 있습니다.

따라서 6억 원짜리 아파트나 5억 원 후반대 아파트는 집값이 6억 원을 초과하기 전에 서둘러 구입하는 게 좋습니다. 시장에서 아파트 가격은 6억 원이라는 저항선을 뚫기 어렵지만, 한 번 돌파하면 저항 감 없이 치솟는 경우가 많기 때문입니다.

9억 원 이하 아파트와 9억 1,000만 원 아파트 역시 1,000만 원 이상의 차이가 있습니다. 9억 원 아파트의 취득세는 취득세율 2.2%를 적용해 1,980만 원인데 아파트 가격이 9억 1,000만 원이 되면 취득세율이 3.3%로 뛰어올라 취득세가 3,003만 원으로 1,000만 원 이상 급증합니다.

9억 원 초과 아파트에서는 얻을 수 없는 9억 원 이하 아파트의 또 다른 혜택은 정책모기지 대출 가능성입니다. 30년 내내 같은 금리가 적용되는 정책모기지(적격대출)를 9억 1,000만 원 아파트 구입자는 받을 수 없습니다. 반면 9억 원, 8억 9,000만 원짜리 아파트 구입자는 적격대출을 받을 수 있고 담보가치 범위에서만 책임을 지는 이른바 '유학책임 적격대출'도 받을 수 있습니다.

# 6월 1일 이전과 6월 2일 이후 잔금 계약의 놀랄 만한 차이

자신이 갖고 있는, 혹은 자신이 구입하고자 하는 주택 공시가격은 국토교통부의 '부동산공시가격알리미' 홈페이지(www.realtyprice.kr)에서 확인할 수 있습니다. 아파트는 '공동주택' 부분을 클릭하면 됩니다(아파트의 법적·이론적 명칭이 공동주택입니다). 그럼 이 재산세는 누가 납부할까요? 당연히 집주인이 납부합니다. 임대를 준 집도 세입자가 아닌 집주인이 냅니다. 그럼 집주인이 바뀐 경우는 어떻게 될까요? 아파트를 반드시 매년 1월 1일이나 12월 31일처럼 해를 넘기며 구입한다는 보장이 없으니 그렇습니다. 5월 31일 아파트 매매거래(소유권이전등기일·잔금일 기준)가 이뤄졌을 경우 매도인이 1~5월분을 내고, 매수인이 6~12월분을 내면 될까요?

재산세는 매년 6월 1일 기준 소유자가 냅니다. 2019년 5월 31일에 아파트 매매거래가 이뤄진다면 2019년 1월 1일부터 2019년 5월 30일까지 이전 주인의 보유기간까지 포함한 2019년 12개월 전체에 대해 매수인이 재산세를 부담해야 합니다. 반면 매매거래가 같은 해 6월 3일(소유권이전등기일 기준)에 이뤄진다면 매수인의 보유기간이 1년의 절반을 웃도는데도 매도인이 1년치 재산세를 모두 내야 합니다.

따라서 매수인 입장에서는 가능하면 아파트 매매거래의 잔금일이 6월 2일 이후가 되도록 아파트 매수 일정을 협의하는 게 유리합니다. 예컨대 4월 30일 가계약, 5월 8일 본계약을 거쳐 5월 말·6월 초에 잔금일(소유권이전등기일. 통상 입주일)을 매도인과 협의해야 하는 상황이라면 매수인 입장에서는 이 잔금일이 6월 2일 이후가 되는 게 유리합니다. 6월 1일 이전으로 잔금일을 잡으면 1년치 재산세 전액을 매수인이 부담해야 하기 때문입니다. 반면 잔금일이 6월 2일이라면 매도인이 실제 집을 팔고 나갔음에도 돌아오는 7월과 9월에 이미 내다 판 집에 대한 재산세를 내게 됩니다.

# 곧 50세인데 만기 30년 주택담보대출
## 80세까지 갚으라고?

은퇴를 10년가량 앞둔 50세 전후 중년들도 오랜 전세살이에 지쳐 내 집 마련을 저울질하는 경우가 많습니다. 10년 만기로 주택담보대출을 받으면 월 원리금상환액 부담이 너무 큽니다. 30년이나 35년 만기 주택담보대출을 받자니 대출 만기 때 80대라는 사실이 선택을 주저하게 만듭니다.

주택연금이라는 제도를 이용하면 이런 고민에서 해방될 수 있습니다(이 장은 《35세, 1억으로 내 아파트 갖기》를 토대로 주택연금제도 개편에 맞춰 재작성되었습니다). 주택연금을 '역逆모기지'라고 부르기도 합니다. 50세가 아니라 55세라도 만기 30년, 35년짜리 주택담보대출을 받아 내 아파트 마련에 나서도 무방합니다.

예컨대 은퇴 시점인 만 60세에 시세 6억 원 아파트 기준 1억 5,000만 원의 주택담보대출이 남아 있을 경우 주택연금 취급기관인 주택금융공사는 1억 5,000만 원의 은행 주택담보대출을 상환하고 잔여분은 매월 45만 원의 연금으로 주택 보유자에게 지급합니다.

극단적으로 얘기하면 만 55세에 주택담보대출을 받아 아파트를 구입했다고 하더라도 만 60세에 남은 주택담보대출을 상환하면서 주택연금 수급도 가능하다는 얘기입니다. 이 같은 '일시상환'을 이용하면 그렇지 않은 경우보다 월 연금지급액이 줄어들겠지만, 은퇴 시점 남은 대출금 상환 걱정으로 내 집 마련 자체를 포기하는 것보다는 주택연금제도를 염두에 두고 적극적으로 주택 구입을 고민하길 추천합니다.

부부 중 연장자가 만 60세인 때부터 주택연금을 신청하면 신청일 기준 1개월 이내에 연금 수급이 개시됩니다. 부부 중 연소자는 만 60세보다 어려도 됩니다. 연금은 두 부부가 모두 사망할 때까지 지급됩니다.

남편이 만 60세고 아내가 만 55세일 때 주택연금을 신청했고 신청 당시 주택 가격이 7억 원, 남편이 만 85세, 아내가 만 100세까지 생존한다고 가정해보겠습니다. 이 경우 부부는 아내가 사망하기 전까지 매월 107만 2,000원(종신지급 방식, 정액형 기준)의 연금을 수령할 수 있습니다. 국민연금이나 공무원연금 같은 공적 연금을 받으면서 별도로 주택연금을 받을 수 있습니다.

주택연금 가입은 부부 기준 1주택자이면서 신청 시점 기준 9억 원 이하 주택을 보유한 경우 가능합니다. 다주택자도 보유주택 합산가격이 9억 원 이하인 경우에는 1주택을 담보로 주택연금에 가입할 수 있습니다. 다만 2주택자이면서 보유주택 합산가격이 9억 원을 초과하는 경우에는 주택연금 수급 개시 3년 이내에 B주택을 처분한다고 미리 약속할 경우 A주택을 기준으로 주택연금을 받을 수 있습니다. 대상 주택 가격을 9억 원 이하에서 9억 원 초과로 확대하는 법률 개정이 추진 중입니다.

신청 당시 주택 가격이 7억 원이었는데 연금 수급 도중 집값이 폭락하더라도 연금액이 줄어들지 않고 당초 받기로 약정한 연금을 그대로 받을 수 있습니다. 이런 위험을 국가가 지는 셈입니다. 최근 늘어난 수명을 감안하면 연금 수급기간 안에 재건축·재개발·리모델링 상황이 도래할 가능성이 높은데 이 경우에도 주택연금은 계속 나옵니다.

주택연금을 신청했다고 해서 상속을 기대했던 자녀가 섭섭해하지는 않을까 걱정하는 사람들도 있을 수 있습니다. 하지만 주택연금은 주택을 통째로 국가에 제공하고 연금을 돌려받는 개념이 아닙니다. 향후 주택연금으로 소요된 비용(월 지급금, 이자, 보증료 등)을 제외한 금액(담보가치 기준)은 상속권자(주로 자녀)에게 상속됩니다.

예컨대 신청 시점 기준 9억 원 가치의 아파트로 만 60세, 만 55세 부부가 주택연금을 신청하면 부부가 모두 사망할 때까지 매월 137만 8,000원의 주택연금을 받습니다. 매월 140만 원씩 주택연금을 25년간 수령할 경우 2018년 11월 현재 이율인 2.32%를 기준으로 연금대출 잔액(월 지급금, 보증료, 이자 등의 합계)은 6억 6,136만 2,342원, 30년간 수령할 경우 8억 6,189만 2,313원에 이릅니다.

주택연금을 25년간 수령하다가 부부가 모두 사망했고, 그해 이 아파트가 12억 원이 됐다고 가정하면 주택연금에 동원된 약 6억 7,000만 원의 가치를 제외한 약 5억 3,000만 원의 가치는 자녀에게 상속됩니다. 경매나 공매 방식으로 아파트를 처분하고 '6억 7,000만 원+$\alpha$(경매비용, 이자, 보증료 등)'는 주택금융공사에 상환한 후 나머지 '5억 3,000만 원대-$\alpha$' 금액을 자녀는 가져갈 수 있습니다.

극단적인 얘기이지만 집값 폭락으로 당초 9억 원이었던 이 아파트가 4억 원으로 떨어졌다고 해도 자녀가 '6억 7,000만 원+$\alpha$'에서 4억 원을 뺀 금액인 2억 7,000만 원대의 돈을 국가에 보전할 필요도 없습니다. 주택연금은 개인이 부담해야 할 리스크를 국가가 부담함으로써 선량한 주택 실소유자들의 안정적인 노후 보장에 기여하고 가계부채의 질적 관리를 도모하는 제도입니다.

주택연금을 받는 대신 은퇴를 앞두고 LTV 허용한도 범위에서 주택담보대출을 받아 원리금을 갚고 남은 금액을 연금조로 쓰면 어떨까요? 이 방식은 추천하지 않습니다. 주택연금 역시 일정한 금리를 적용하는 대출의 형태를 취하는데, 주택연금에 적용되는 대출금리가 시중은행 우량고객에게 적용하는 금리보다 훨씬 저렴하기 때문입니다. 이 차이는 여러분이 낸 세금에서 비롯된 국가재정에서 충당됩니다. 여러분이 이 혜택을 외면할 이유가 없습니다.

주택연금 이용 중에 아파트가 재건축되거나 주택이 재개발에 들어갈 수 있습니다. 이 경우에도 주택연금을 변함없이 수령할 수 있습니다.

주택연금을 수령하는 동안 다른 주택을 사서 이사를 갈 수도 있습니다. 이 경우에도 새롭게 입주하는 주택을 기준으로 가치를 평가해 주택연금을 수령할 수 있습니다. 가치가 낮을 경우 주택연금이 감액될 수 있습니다. 불가피한 사정으로 아파트 등 주택을 다른 사람에게 임대할 경우 보증금 없이 순수 월세로 임대한다는 전제하에 주택연금을 계속 수령할 수 있습니다.

### 주택연금 월 지급금 예시

(단위: 만 원)

| 연령 | 주택가격 | | | | | | | | |
|---|---|---|---|---|---|---|---|---|---|
| | 1억 원 | 2억 원 | 3억 원 | 4억 원 | 5억 원 | 6억 원 | 7억 원 | 8억 원 | 9억 원 |
| 50세 | 11.5 | 23.1 | 34.6 | 46.2 | 57.8 | 69.3 | 80.9 | 92.4 | 104 |
| 55세 | 15.3 | 30.6 | 45.9 | 61.2 | 76.6 | 91.9 | 107.2 | 122.5 | 137.8 |
| 60세 | 20.6 | 41.3 | 62 | 82.6 | 103.3 | 124 | 144.6 | 165.3 | 186 |
| 65세 | 25 | 50 | 75 | 100 | 125 | 150 | 175.1 | 200.1 | 225.1 |
| 70세 | 30.6 | 61.2 | 91.9 | 122.5 | 153.2 | 183.8 | 214.4 | 245.1 | 275.7 |
| 75세 | 38.2 | 76.4 | 114.6 | 152.8 | 191 | 229.2 | 267.4 | 299.9 | 299.9 |
| 80세 | 48.8 | 97.6 | 146.4 | 195.3 | 244.1 | 292.9 | 333 | 333 | 333 |

* 출처: 주택금융공사. 종신지급 방식, 정액형, 2018년 3월 2일 기준.
* 60세(부부 중 연소자 기준), 7억 원 주택 기준으로 매월 144만 6,000원을 종신 수령.

# 2년 먼저 사고
# **2년 뒤에 빌리기**

기존 전세계약 만료일과 구입하고자 하는 아파트 입주 가능일을 일치시키지 못해 전세 낀 집을 미리 구입하는 사람들이 많습니다. 전세보증금 4억 원으로 임대 중인 5억 5,000만 원짜리 아파트를 주택담보대출 없이 보유자산 1억 5,000만 원으로 구입한 경우도 마찬가지입니다. 실제로 구입과 동시에 소유권이전등기가 이뤄지면서 해당 아파트의 주인이 됐고 덩달아 이전 집주인으로부터 임대인 자격을 승계 받았습니다.

이때부터는 전세보증금 4억 원에 대한 '채무자'가 된 것입니다. 채권자는 임차인(세입자)입니다. 임대차 계약기간이 만료되면 집주인인

채무자는 세입자에게 4억 원의 전세보증금을 돌려줘야 할 의무가 발생합니다. 구입과 동시에 해당 주택에 입주하지 않고 2년 안에 입주하면 정상적인 주택담보대출을 받는 데 문제가 없습니다.

임대차 계약을 해지하고 실제 거주할 계획을 세웠다면 세입자에게 임대차 계약 만료를 계약 해지일 1개월 이전에 미리 통보합니다. 이후 최소 보름 이상의 넉넉한 여유기간을 두고 은행에 주택담보대출을 신청합니다.

참고로 이때 대출한도는 '매매계약서상의 매매금액과 KB시세 일반평균가 중 낮은 금액'이 아니라 'KB시세 일반평균가(1층의 경우 하위평균가)에 LTV 비율을 곱한 금액'입니다. 또한 LTV 비율을 70%까지 올릴 수 있는 디딤돌대출 이용 자격과 보금자리론 실수요자 자격, 강한 규제지역 서민·실수요자 자격은 전세 낀 아파트를 구입하면서 상실된다는 점에 유의해야 합니다. 강한 규제지역 LTV는 40%로, 약한 규제지역은 60%로 제한됩니다. 세입자가 나가고 아파트 소유자가 대출을 받아 아파트에 들어가는 시점에 더 이상 소유주는 무주택자가 아니기 때문입니다.

# 12·7 대책,
# 분양 아파트 LTV 80%의 마법

다른 사람이 5년 전 3억 원에 구입한 아파트를 5억 원에 사자니 억울합니다. 누군가에게 2억 원의 차익을 남겨주면서 시장의 호구가 된 게 아닌가 하는 자괴감도 듭니다. 하지만 이런 감정 때문에 내 집 마련의 적기를 놓치고 차일피일 신규분양 아파트 당첨만 기다리는 것은 현명한 선택이 아닙니다. 30대 또는 40대 초반이면서 자녀수가 2명 이내인 경우 입지나 주거 여건 면에서 우수한 아파트일수록 당첨 확률이 매우 낮기 때문입니다.

분양 아파트는 가점제와 추첨제로 나뉩니다. 먼저 가점제는 무주택 기간과 부양가족수, 청약저축 가입기간을 점수화해 당첨자를 결정하

## 청약가점 점수 산정기준표

(단위: 점)

| 가점 항목 | 가점 상한 | 가점 구분 | 점수 | 가점 구분 | 점수 |
|---|---|---|---|---|---|
| ①<br>무주택기간 | 32 | 만 30세 미만 미혼자 | 0 | 8년 이상~9년 미만 | 18 |
| | | 1년 미만 | 2 | 9년 이상~10년 미만 | 20 |
| | | 1년 이상~2년 미만 | 4 | 10년 이상~11년 미만 | 22 |
| | | 2년 이상~3년 미만 | 6 | 11년 이상~12년 미만 | 24 |
| | | 3년 이상~4년 미만 | 8 | 12년 이상~13년 미만 | 26 |
| | | 4년 이상~5년 미만 | 10 | 13년 이상~14년 미만 | 28 |
| | | 5년 이상~6년 미만 | 12 | 14년 이상~15년 미만 | 30 |
| | | 6년 이상~7년 미만 | 14 | 15년 이상 | 32 |
| | | 7년 이상~8년 미만 | 16 | | |
| ②<br>부양가족수 | 35 | 0명 | 5 | 4명 | 25 |
| | | 1명 | 10 | 5명 | 30 |
| | | 2명 | 15 | 6명 이상 | 35 |
| | | 3명 | 20 | | |
| ③<br>청약통장<br>가입기간 | 17 | 1년 이상~2년 미만 | 3 | 9년 이상~10년 미만 | 11 |
| | | 2년 이상~3년 미만 | 4 | 10년 이상~11년 미만 | 12 |
| | | 3년 이상~4년 미만 | 5 | 11년 이상~12년 미만 | 13 |
| | | 4년 이상~5년 미만 | 6 | 12년 이상~13년 미만 | 14 |
| | | 5년 이상~6년 미만 | 7 | 13년 이상~14년 미만 | 15 |
| | | 6년 이상~7년 미만 | 8 | 14년 이상~15년 미만 | 16 |
| | | 7년 이상~8년 미만 | 9 | 15년 이상 | 17 |
| | | 8년 이상~9년 미만 | 10 | | |
| 총점 | 84 | 본인 청약가점 점수=①+②+③ | | | |

\* 출처: 주택공급에 관한 규칙 [별표2] 2호 나목.

는 방식입니다. 무주택기간(15년 이상이 만점인 32점), 부양가족수(6명 이상이 만점인 35점), 청약저축 가입기간(15년 이상이 만점인 17점)에서 모두 만점을 받으면 총점이 84점인데, 50대 중장년을 중심으로 가점이 60점을 웃도는 경우가 많습니다. 특히 30대의 경우 20대 초반부터 일찌감치 청약저축 납입을 시작했거나 삼둥이 등 다자녀 가구가 아니라면 가점제 방식을 통한 인기지역 분양 아파트 당첨이 어렵습니다.

## 가점 낮은 30대, 분양 아파트 집착 말고 기존 아파트부터 구입하자

가점제가 어려운 30대는 추첨제를 노려야 합니다. 추첨제는 말 그대로 랜덤random이라 무주택기간이나 부양가족수, 청약저축 가입기간 면에서 점수가 낮아도 점수가 높은 사람과 동등하게 경쟁할 수 있다는 강점이 있습니다. 하지만 말 그대로 랜덤이라 당첨을 장담할 수 없습니다.

특히 2017년 8·2 부동산 대책에 따라 서울특별시 전역과 경기도 과천시, 세종특별자치시, 경기도 성남시 분당구, 대구광역시 수성구 등 강한 규제지역의 경우 전용면적 84m² 이하 아파트는 100% 가점제를 적용해야 합니다. 추첨제로 입주자를 뽑지 않는다는 뜻입니다.

약한 규제지역의 추첨제 비율도 8·2 부동산 대책 이전 60%(가점제 비율 40%)에서 8·2 대책 이후 25%(가점제 비율 75%)로 낮아졌습니다.

하염없이 분양 아파트 당첨을 기다리는 동안 아파트 시세는 하루

**민영주택 가점제 적용비율**

| 구분 | 전용면적 85m²이하 | | 전용면적 85m² 초과 | |
|---|---|---|---|---|
| | 8·2부동산<br>대책 이전 | 8·2부동산<br>대책 이후 | 8·2부동산<br>대책 이전 | 8·2부동산<br>대책 이후 |
| 수도권 공공택지 | 100% | 100% | 50% 이하에서 지자체장이 결정 | |
| 강항 규제지역 | 75% | 100% | 50% | 50% |
| 약한 규제지역 | 40% | 75% | 0% | 30% |
| 기타 지역 | 40% 이하에서 지자체장이 결정 | | 0% | 0% |

\* 출처: 국토교통부, '실수요 보호와 단기 투기수요 억제를 통한 주택시장 안정화 방안'

가 멀다 하고 치솟을 가능성이 그렇지 않을 가능성보다 높습니다. 신규분양 아파트가 아니더라도 이미 지어진 아파트를 일반적인 거래 형태로 구입한 후 향후 신규분양을 노려도 기회는 많습니다.

　꾸준히 납입해온 주택청약종합저축이 아까워 일반적인 거래 형태의 주택 구입을 망설이는 사람들이 많습니다. 하지만 1주택자까지는 청약 요건이 가장 엄격한 서울에서도 1순위 자격을 유지할 수 있습니다. 가점제만 가능한 강한 규제지역 전용면적 85m² 이하는 무주택 가점이 0점이라 어렵습니다. 하지만 추첨제 물량 중의 최소 25% 이상은 무주택자와 동일한 조건에서 경쟁할 수 있습니다. 30대 실수요자는 기존 주택매매 방식으로 첫 집을 먼저 마련한 후 향후 분양 아파트 당첨 기회를 엿보기를 추천합니다.

## 신혼인 엄마·아빠 삼둥이 가족은 신규분양 적극적으로 알아보자

하지만 다자녀 가구나 청약가점이 높은 40대 후반에서 50대는 넓어진 가점제 문호를 적극적으로 노려볼 만합니다. 2018년 12·7 대책으로 무주택자의 추첨제 당첨 기회가 넓어졌다는 점도 활용할 필요가 있습니다. 주택 구입 경험이 없는 신혼부부의 청약문호도 확대됐습니다. 전국의 규제지역이나 비규제지역 중 수도권, 광역시 아파트의 경우 추첨제 대상 아파트의 75% 이상을 무주택자에게 우선적으로 공급합니다.

신혼부부 특별공급 1순위는 자녀가 있는 결혼 5년차 이내 신혼부부에게 돌아가고, 2순위에서도 주택 구입 경험이 있는데 기준 주택을 처분한 지 2년이 안 된 신혼부부는 제한됩니다.

분양 아파트는 국민주택과 민영주택으로 나뉩니다. 국민주택은 국가나 지자체, LH, 지방공사가 건설하는 전용면적 85m² 이하 주택으로서 청약 대상이 무주택자로 제한돼 있습니다. 규제지역은 청약통장에 가입한 지 2년이 경과하고 24회 이상 납입해야 1순위 청약이 가능합니다.

민영주택은 삼성물산이나 대우건설, 현대건설 등 민간 건설사가 짓는 '래미안', '푸르지오', '힐스테이트' 같은 아파트들입니다. 청약통장 가입기간이 2년을 경과해야 할 뿐 아니라 청약통장에 납입한 금액의 합계가 지역별·면적별로 일정한 금액을 충족해야 합니다. 청약

## 주택공급 제1순위 기준: 청약통장 가입실적

| 구분 | | 국민주택 | 민영주택 |
|---|---|---|---|
| 수도권 | 규제지역 | 2년 경과<br>24회 이상 납입 | 2년 경과<br>기준금액 이상 납입 |
| | 일반지역 | 1년 경과<br>12회 이상 납입 | 1년 경과<br>기준금액 이상 납입 |
| 지방 | 규제지역 | 2년 경과<br>24회 이상 납입 | 2년 경과<br>기준금액 이상 납입 |
| | 일반지역 | 6개월 경과<br>6회 이상 납입 | 6개월 경과<br>기준금액 이상 납입 |

## 민영주택 청약 예치기준금액

(단위: 만 원)

| 전용면적 | 서울특별시,<br>세종특별자치시,<br>부산광역시 | 기타 광역시<br>(인천광역시 등) | 특별시·광역시 이외 지역<br>(경기도 등) |
|---|---|---|---|
| 85m² 이하 | 300 | 250 | 200 |
| 102m² 이하 | 600 | 400 | 300 |
| 135m² 이하 | 1,000 | 700 | 400 |
| 모든 면적 | 1,500 | 1,000 | 500 |

\* 주택공급에 관한 규칙 제9조 제3항 [별표2].

통장 가입기간이나 납입실적, 예치금액은 특정 분양 아파트의 입주자모집공고가 주요 일간신문에 공고되는 날 이미 충족돼 있어야 합니다. 참고로 주택청약종합저축 납입기간과 납입횟수 요건을 충족했는데 민영아파트 청약을 위한 예치금이 부족하다면 한꺼번에 거액을 납입해도 무방합니다. 다만 한 달에 한 번만 납입할 수 있습니다. 따라서 다음 달 입주자모집공고가 예상되는 분양 아파트 청약 자격을 충족하기 위해 900만 원을 추가로 납입해야 하는 상황이라면 500만 원이 생겼다고 해서 일단 500만 원을 넣고 추가로 400만 원을 납입해선 안 됩니다. 900만 원을 조달할 때까지 기다렸다가 한꺼번에 납입하라는 얘기입니다.

분양 아파트 분양 일정은 '입주자모집공고 → 청약 → 당첨자 발표 → 계약금 납부(통상 분양가의 10%) → 중도금 납부(통상 분양가의 60%) → 완공 및 잔금 납부(통상 분양가의 30%)' 순으로 진행됩니다.

통상 분양가의 10%(간혹 분양가의 20%)인 계약금은 보유현금이나 예·적금 자산으로 조달하거나 부족할 경우 신용대출로 마련하는 게 일반적입니다. 분양 아파트 당첨을 위해 사용한 청약통장은 더 이상 사용할 수 없으므로 청약통장은 해지하고 청약통장에 들어 있는 현금도 활용하는 게 맞습니다(1주택자로서 또 다른 청약을 노린다면 새롭게 청약저축에 가입하면 됩니다).

중도금은 분양가의 60%를 10%씩 6회에 걸쳐 순차적으로 납부합니다. LTV 규제비율을 충족하는 범위에서 은행 중도금대출이 가능합니다. 서울이나 과천, 세종 등 강한 규제지역 아파트의 경우 낮게는 40%로 중도금대출한도가 제한됩니다. 이 경우 60%의 중도금 중 많게는 20%는 중도금대출이 아니라 신용대출 등으로 조달해야 한다는 점에 유의해야 합니다.

아파트가 다 지어지고 입주 시점이 되면 잔금(통상 분양가의 30%)을 내야 합니다. LTV가 60% 이하인 경우 이미 중도금대출에 LTV 한도를 모조리 소진한 상태이기 때문에 잔금은 기존 전세보증금 반환 금액 등을 통해 자체적으로 마련해야 합니다.

반면 LTV가 70%인 경우는 중도금대출과 별도로 추가적인 대출을 받을 수 있습니다. 분양가나 KB시세의 70%에 해당하는 금액을 이른바 '잔금대출'이라는 형태로 받아 60%의 중도금대출을 상환하고 30%의 잔금 중 10%를 납입하면 됩니다. 이 경우에도 해결되지 않는 나머지 20%(100%-잔금대출 70%-계약금 10%)는 자체적으로 조달해야 합니다.

분양 아파트 잔금대출 역시 기존 아파트 구입을 위한 주택담보대출과 마찬가지로 DTI 요건을 충족해야 합니다. 중도금대출 땐 DTI 심사를 하지 않지만 잔금대출은 DTI 심사를 통과하는 범위에서 대출한도가 나옵니다. 따라서 LTV 규제비율이 60%나 70%인 지역 아파트 기준 중도금대출을 분양가의 60%까지 꽉 채워 받았다고 하더라도 소득이 낮거나 소득이 불충분할 경우 잔금대출은 이보다 적게 나올 수 있습니다. 이 경우 분양가의 30%인 잔금뿐 아니라 중도금대출의 일부 대금 역시 자체적으로 조달해야 합니다. 분양 아파트 청약 시점부터 자신의 소득수준으로 중도금대출과 잔금대출을 받을 수 있는지 미리 따져봐야 낭패를 면할 수 있습니다.

분양 아파트 입주 시점의 KB시세가 입주자모집공고 당시 분양가를 웃도는 경우가 있습니다. 이 경우 잔금대출이 중도금대출보다 많이 나오기 때문에 자금조달 숨통을 틔울 수 있습니다. 예컨대 서울의 분양가 6억 원 아파트 당첨자로서 강한 규제지역 서민·실수요자인 경우 LTV 비율은 50%입니다. 중도금 3억 6,000만 원 중 3억 원(6억 원×50%)을 중도금대출로 납부한 상태에서 입주 시점 KB시세가 7억 원으로 산정됐을 경우 잔금대출은 3억 원이 아니라 3억 5,000만 원 (7억 원×50%)까지 받을 수 있습니다. 이 경우 잔금대출로 중도금대출

**분양가 6억 원 서울 분양 아파트 대금 납부 및 대출 구조**

| 구분(비율) | 금액(총 6억 원) | | 조달 방식 | |
| --- | --- | --- | --- | --- |
| | | | 일반 당첨자<br>(LTV 40%) | 서민·실수요자<br>(LTV 50%) |
| 계약금(10%) | 6,000만 원 | | 자체 조달 | 자체 조달 |
| 중도금(60%) | 1개월차 10% | 6,000만 원 | 중도금대출<br>(2억 4,000만 원) | 중도금대출<br>(3억 원) |
| | 2개월차 10% | 6,000만 원 | | |
| | 3개월차 10% | 6,000만 원 | | |
| | 4개월차 10% | 6,000만 원 | | |
| | 5개월차 10% | 6,000만 원 | 자체 조달<br>(1억 2,000만 원) | 자체 조달<br>(6,000만 원) |
| | 6개월차 10% | 6,000만 원 | | |
| | 중도금 합계 | | 3억 6,000만 원 | |
| 잔금(30%) | 1억 8,000만 원 | | 자체 조달<br>(잔금대출로 중도금대출 상환) | |
| 입주 시점 KB시세 7억 원 가정 때 시나리오 | | | | |

[일반 당첨자]
잔금대출 2억 8,000만 원(중도금대출 2억 4,000만 원 상환) + 자체 조달 1억 4,000만 원
→당초 예상 대비 4,000만 원 추가 조달

[서민·실수요자]
잔금대출 3억 5,000만 원(중도금대출 3억 원 상환) + 자체 조달 1억 3,000만
→당초 예상 대비 5,000만 원 추가 조달

을 모두 상환하고도 5,000만 원이 남습니다. 분양가의 30%인 잔금 1억 8,000만 원 전액이 아닌 1억 3,000만 원만 자체적으로 조달하면 된다는 얘기입니다. 적용 LTV가 60%나 70%인 지역, 상황에서는 경우에 따라 원 분양가의 80%를 넘는 잔금대출도 받을 수 있다는 얘기입니다.

하지만 목돈이 오가는 분양 아파트 구입은 최악의 시나리오를 가정해 가장 보수적으로 자금계획을 짜야 한다는 점을 우선적으로 명심할 필요가 있습니다. 약 2년간 분양 일정이 진행되는 동안 유비무환의 자세로 여윳돈을 최대한 축적해야 합니다.

# 가까이 하기엔 당신과 너무 먼 양도소득세와 종합부동산세

한 번도 안 산 사람은 있지만 한 번만 살 사람은 별로 없습니다. 자녀가 생기거나 늘어나면 넓은 아파트로 이사 갈 수 있고 이 경우 살던 아파트를 되팔아야 합니다. 전근 등으로 보금자리를 옮기면서 기존 아파트를 미처 팔지 못한 채 임대(전세, 월세 등)를 주고 새로운 아파트를 구입해야 하는 상황도 생깁니다. 흔히 얘기하는 '일시적 2주택' 상황입니다.

모든 무주택자는 잠재적인 유주택자이고 모든 1주택자는 잠재적인 2주택자입니다. 임대사업자 등록을 통해 전문적인 투자자(다주택자)가 될 생각이 없는 평범한 생활인이라도 최소한 일시적 2주택자 상황까지 가정한 양도소득세 시나리오 정도는 알아둘 필요가 있습니다. 2017년 8·2 대책으로 무주택자나 일시적 2주택자가 아닌 다주택자에 대한 양도소득세가 강화됐으므로 투기 규제라는 취지에 부합하는 사례가 아니면서 양도소득세를 내는 일이 없도록 해야겠습니다.

### 1주택자 – 2년 이상 거주하면 면제

양도소득세는 일종의 거래세입니다. 보유해온 주택을 되팔아 차익(양도차익)이 발생할 경우에 한해 부과됩니다. (아무리 많은 주택을 보유하고 있어도 차익이 없는 주택에 대해서는 당연히 양도소득세가 부과되지 않습니다.)

아파트 등 주택에 대한 양도소득세는 보유기간 1년 미만은 과세표준의 40%, 보유기간 1년 이상인 경우 양도차익 규모에 따라 과세표준의 6~42%(2018년 양도분부터 2017년까지는 6~40%)가 부과됩니다.

여기서 과세표준은 양도소득금액(양도차익–장기보유특별공제)에서 250만 원(단독명의 기준)을 뺀 금액입니다. 참고로 부부 공동명의는 통상 50%의 각자 보유분별로 양도소득세가 부과됩니다. 1인당 양도소득금액에서 250만 원이 '각각' 차감되기 때문에 부부가 납부할 양도소득세 총액이 단독명의인 경우보다 줄어듭니다. 공동명의 방식을 택할지 고민할 때 참고할 만한 사실입니다.

하지만 아파트를 2년 이상 보유하고 매도가격이 9억 원 이하인 경우에는 양도소득세를 전혀 내지 않아도 됩니다. 다만 서울과 과천, 세종, 하남, 광명 등 강한 규제지역과 고양, 남양주 등 약한 규제지역의 경우 2년 이상 보유하되 임대를 주지 않은 채 주택 명의자가 실제 거주한 기간이 2년을 넘어야 한다는 단서가 붙습니다.

실제 거주하지 않으면서 전세 낀 주택을 사고파는 투기세력을 근절하기 위해 2017년 8·2 대책에 따라 세법에 개정된 데 따른 것입니다. 2017년 8월 3일 이후 취득한 주택부터는 2년 이상 보유했더라도 거주기간이 2년을 밑돌면 양도소득세를 내야 합니다. 만약 전세를 끼고 아파트를 구입하는 경우 구입 시점에 바로 입주하지 않더라도 사후에 2년 이상 거주하면 양도소득세 비과세 요건을 충족할 수 있습니다.

9억 원 이하의 아파트를 구입(취득)했더라도 매도 시점 가격이 9억 원을 초과할 경우에는 양도소득세를 내야 합니다. 1가구 1주택, 2년 이상 보유, 2년 이상 거주 요건을 모두 충족하더라도 말입니다. 다만 9억 초과분에 대해서만 과세하기 때문에 매도가 전액에 대한 양도소득세를 낼 경우보다 부담이 현저하게 낮습니다.

**1가구 1주택자 양도소득세 세율**

| 과세표준 | 세율 |
| --- | --- |
| 1,200만 원 이하 | 6% |
| 1,200만 원 초과 4,600만 원 이하 | 15% |
| 4,600만 원 초과 8,800만 원 이하 | 24% |
| 8,800만 원 초과 1억 5,000만 원 이하 | 35% |
| 1억 5,000만 원 초과 3억 원 이하 | 38% |
| 3억 원 초과 5억 원 이하 | 40% |
| 5억 원 초과 | 42% |

* 과세표준별 누진공제액(108만~3,540만 원)은 별도.

각종 필요경비나 기본공제가 없다고 가정하고, 정확하진 않지만 단순 모형으로 비교해보겠습니다. 예컨대 8억 원에 구입한 아파트를 10억에 되팔 경우 원칙적으로 양도차익(각종 필요경비나 기본공제가 없다고 가정)은 2억 원이고 여기에 6∼38%의 누진세율을 곱합니다.

이 경우 양도소득세는 5,660만 원입니다. 과세표준이 2억 원이니 세율 38% 구간에 해당하고, 따라서 양도소득세는 7,600만 원(2억 원×0.38)일 것 같지만 그렇지 않습니다. 양도소득세는 양도소득금액을 구간별로 나눠 각기 다른 세율을 적용하는 누진세율 방식에 따라 세금을 계산하기 때문입니다.

1,200만 원은 6%, 3,400만 원(1,200만 원 초과 4,600만 원 이하 부분)은 15%, 4,400만 원(4,600만 원 초과 8,800만 원 이하 부분)은 24% 식으로 2억 원을 구간별로 쪼갠다는 얘기입니다.

다시 본론으로 돌아오겠습니다. 8억 원에 구입한 아파트를 2년 이상 보유·거주 요건을 만족하지 못한 채 10억 원에 되팔 경우 양도소득세는 5,660만 원입니다(실제 양도소득세는 필요경비와 기본공제 등 차감으로 이보다 적습니다).

하지만 2년 이상 보유·거주 요건을 만족할 경우 양도차익은 '2억 원×(10억 원−9억 원)÷10억 원' 계산에 따라 2,000만 원에 불과하고 양도차익이 낮은 만큼 세율도 6∼15%로 낮아지기 때문에 양도소득세는 192만 원으로 산정됩니다(역시 필요경비, 기본공제 등 차감하면 이보다 적게 계산됩니다).

이처럼 2년 이상 보유 및 2년 이상 거주 요건을 모두 충족하면 양도소득세를 5,660만 원에서 192만 원으로 확 줄일 수 있습니다.

---

양도소득세 계산 산식
과세표준=양도차익−장기보유특별공제−기본공제(250만 원)

---

* 부부 공동명의의 경우 기본공제 250만 원 차감 혜택을 두 번 받을 수 있음.
* 일반 양도차익=양도가액(매도가격)−취득가액(당초 매입가격)−필요경비(취득세, 지방교육세, 등기비용, 발코니확장비용, 매입중개수수료, 매도중개수수료 등).
* 2년 이상 거주한 1가구 1주택, 9억 원 초과 아파트 매각 때 양도차익=(양도가액−취득가액−기타 필요경비)×(양도가액−9억 원)÷양도가액.

**일시적 2주택자 – 두 번째 집 산 지 2년 이내에 첫 집 팔아야 비과세**

규제지역을 기준으로 설명 드리겠습니다. 먼저 구입한 주택이 A이고 두 번째 구입한 주택이 B일 경우 다음의 조건을 만족하면 A주택 매도에 따른 양도소득세가 면제됩니다.

**① A를 구입한 지 1년이 지난 이후 B를 구입한다.**

여기서 구입 시점은 소유권이전등기 시점(통상 주택담보대출 실행일)을 말합니다. 분양 아파트의 경우 잔금을 치른 날 기준입니다. A주택을 구입한 지 만 1년이 되지 않은 상태에서 B주택을 구입할 경우 일시적 2주택 사유에 따른 양도소득세 비과세 혜택을 받을 수 없습니다.

**② B주택을 구입한 지 2년 이내에 A주택을 매도한다.**

일시적 2주택 상황을 무한정 허용하지 않는다는 얘기입니다. B주택을 구입한 지 2년이 지나 A주택을 팔면 기본세율을 적용한 엄격한 양도소득세가 부과됩니다. 규제지역이 아닌 경우 3년 이내에 A주택을 매도하면 됩니다.

**③ A주택을 2년 이상 보유하고 A주택을 매도한다.**

1가구 1주택 기준 양도세 비과세 요건이라는 대전제를 충족해야 한다는 뜻입니다. A주택을 2018년 1월 1일에 구입하고 B주택을 2019년 1월 1일에 구입한 후 2019년 12월 1일에 A주택을 매도할 경우 ①번 요건과 ②번 요건은 충족하지만 ③번 요건을 충족하지 않아 양도소득세 비과세 대상이 아닙니다. A주택을 구입한 지 2년이 경과되지 않았기 때문입니다.

이 역시 매도가격이 9억 원 이하라는 전제를 충족해야 합니다. 앞서 말한 세 가지 조건을 충족하더라도 매도가격이 9억 원을 웃돌 경우 9억 원 초과분에 대한 약간의 양도소득세는 납부해야 합니다.

각자 자신 명의의 아파트 한 채씩을 갖고 있던 미혼 남녀가 결혼하는 경우에는 혼인 시점 5년 이내에 두 채 중 한 채를 팔면 양도소득세가 면제됩니다. 이 경우에도 매도 대상 아파트를 2년 이상 보유(투기과열지구 및 청약조정대상지역의 경우 2년 이상 거주, 거주 요건은 2017년 8월 3일 이후 주택 취득분부터 충족 필요)했어야 한다는 단서가 붙습니다. 매도가격이 9억 원 초과인 경우 2년 이상 보유한 9억 원 초과분을 계산해 약간의 양도소득세가 부과됩니다. 이처럼 양도소득세 비과세 혜택을 받을 수 있는 길이 열려 있기 때문에 다주택자에 대한 패널티를 우려해 결혼 이전 아파트 구입을 포기할 이유는 없습니다.

**실제 재산세, 시세의 70% 정도인 공시가격 '곱하기 0.0024'**

정부가 투기와의 전쟁을 선포하면서 보유세 강화 논의가 자주 불거집니다. 주택 구입으로 향후 보유세 폭탄을 맞게 될까 두렵습니다.

주택이나 자동차가 시계, 장난감과 같은 점은 누군가의 사유재산이라는 점이고 다른 점은 주택이나 자동차는 공공성이 있는 땅(택지나 도로)을 사용하는 반면 시계, 장난감은 그렇지 않다는 점입니다. 따라서 주택이나 자동차를 보유하면 재산세라는 보유세를 내게 됩니다. 단독명의 아파트 기준 시세가 12억 원, 공동명의 기준 15억 원이 훌쩍 넘어가면 종합부동산세라는 추가적인 보유세도 내게 됩니다.

흔히 알려진 것처럼 재산세가 주택 구입을 주저할 정도로 부담스러운 수준은 아닙니다. 재산세는 실제 시세를 기준으로 하지 않고 시세보다 30%가량 낮은 공시가격을 기준으로 하기 때문입니다. 또한 이 공시가격에 바로 세율을 곱하는 게 아니라 우선 60%(공정시장가액비율)를 곱한 후, 그 금액에 세법이 정한 세율(0.1~0.4%)을 곱합니다. 요컨대 세율이 가장 높은 0.4%인 상황(공시가격 3억 원 초과)을 가정할

**주택 재산세 세율**

| 과세표준 | 세율 |
|---|---|
| 6,000만 원 이하 | 0.1% |
| 1억 5,000만 원 이하 | 0.15% |
| 3억 원 이하 | 0.24% |
| 3억 원 초과 | 0.4% |

\* 출처: 국세청

> 공시가격 3억 원 초과 아파트의 연간 재산세
> 재산세=공시가격(실제 시세보다 30%가량 낮음)×60%(0.6)×0.4%(0.004)

때 시세보다 30%가량 낮은 공시가격에 0.0024(0.6×0.004)를 곱하면 됩니다. 아파트 가격이 6억 원인데 공시가격은 4억 원입니다. 이 경우 재산세는 96만 원입니다. 96만 원을 7월에 48만 원, 9월에 48만 원씩 나눠 냅니다. 한 달에 8만 원 정도의 부담이 생기는 셈입니다.

**9억 원짜리 아파트 사면 종부세 낸다고?**
최근 주택 가격이 크게 오르면서 종합부동산세 부담 우려도 커지고 있습니다. 다주택자는 주택 가격이 6억 원, 1가구 1주택자(1인 단독명의 기준)는 9억 원을 넘을 경우 종합부동산세를 내야 한다는 사실 때문에 이 언저리 가격대 아파트 구입을 주저하는 사람들도 적지 않습니다.

하지만 이는 실제 가격 기준이 아니라 통상 실제 가격(시세)보다 30%가량 낮은 공시가격(아파트 기준 공동주택 가격)을 기준으로 하기 때문에 실제 종합부동산세 과세 대상이 되려면 실제 가격 기준으로 주택 가격이 12억 원(단독명의 기준), 15억 원(부부 공동명의 기준)을 훌쩍 넘어야 합니다.

종합부동산세를 납부하는 상황이 오더라도 종합부동산세의 과세가 시작되는 금액, 즉 1가구 1주택자 기준 9억 원(공시가격 기준)까지는 재산세를 내고 초과분, 예컨대 공시가격이 10억 원인 경우 1억 원에 대해서만 종합부동산세가 과세됩니다.

부부 공동명의의 경우 공동주택 가격 12억 원까지 종합부동산세를 내지 않습니다. 1인당 과세 대상 기준금액이 공동주택 가격 기준 6억 원이기 때문입니다. 부부 공동명의의 경우 실제 시세가 약 15억~16억 원쯤 돼야 종합부동산세를 내야 하는 상황이 생긴다는 뜻입니다.

종합부동산세는 실거주 목적이 아니면서 단기간에 주택을 사고파는 투기세력을 근절하는 목적으로 도입된 제도입니다. 실수요자에 대해서는 다양한 공제 혜택이 있습니다. 당장은 종합부동산세를 내지 않지만 향후 집값 상승으로 종합부동산세를 납부하게 돼 노후생활이 어려워지지 않을까 걱정할 수 있습니다. 하지만 60세 이상은 10%, 65세 이상은 20%, 70세 이상은 30%씩 산출세액에서 세금이 공제됩니다. 다주택자가 아니라면 15년 이상 같은 아파트를 보유할 때 2019년부터 종합부동산세가 50%까지 공제됩니다. 10년 이상 보유하면 세액을 40% 공제하는 게 기존 제도였는데 2018년 12월 8일 세법 개정안이 국회를 통과하면서 다주택자가 아닌 1주택자에 대한 종합부동산세 부담이 2019년 12월 납부분부터 줄어듭니다.

종합부동산세 납부 의무자는 재산세를 매년 7월과 9월 두 차례에 걸쳐 납부한 후 12월에 종합부동산세를 납부하게 됩니다.

2018년 9·13 대책에 따라 종합부동산세가 강화되지만, 1주택자에게 종합부동산세 부담 증가폭은 생각만큼 크지 않습니다. 예컨대 시가 18억 원짜리 서울시 마포구 아파트를 가정하면 연간 재산세 399만 원(7월, 9월 납부)과 종합부동산세(12월 납부) 104만 원을 내게 됩니다. 재산세는 변동이 없고 종합부동산세가 기존 94만 원에서 10만 원 늘어나는 정도입니다.

# 가계부채 증가와 규제 강화를 보는
# 실수요자의 자세

2018년 9월 말 한국의 가계부채(가계신용) 규모가 1,500조 원을 돌파했다고 합니다. 2013년 말에는 이 규모(1,021조 3,000억 원)가 1,000조 원을 넘어섰다는 소식에 떠들썩했습니다.

가계부채가 날로 늘어나니 빚내서 집 사기 대열에 나라도 합류하지 말아야 할 것 같습니다. 하지만 이는 가계부채 문제 해결에 전혀 도움도 되지 않으면서 안전하게 가족의 보금자리를 마련할 수 있는 소중한 기회를 스스로 걷어차는 잘못된 선택입니다.

갚을 수 있는 범위에서 빌려 실수요 목적으로 한 개의 아파트를 구입하거나, 기존 아파트를 처분하는 조건으로 더 나은 아파트로 보금자리를 옮기면서 주택담보대출을 받는 것은 가계부채를 양적으로 늘릴 수 있겠지만 질적으로는 오히려 강화시킬 수 있습니다. 나라경제를 걱정하는 관점에서 봐도 무주택자의 내 집 마련 자체가 나쁜 영

**170**

향을 끼치지 않는다는 얘기입니다.

2015년 7월 22일 발표된 '가계부채 종합관리방안'으로 시작된 정부의 주택담보대출 규제는 좋은 빚을 늘리기 위한 가계부채 질적 건전화 운동입니다. 이자만 내고 원금을 갚지 않는 대출을 제한하고 원금을 나눠 갚는 대출을 사실상 전면 의무화했습니다. 5년 이상 같은 금리가 유지되는 고정금리 대출을 지속적으로 유도해왔고 30년 내내 같은 금리가 유지돼 급격한 금리인상에도 이자 부담이 늘어날 일 없는 디딤돌대출, 보금자리론, 적격대출 등 정책모기지 문호가 넓어졌습니다.

주택담보대출 규제의 또 다른 핵심은 LTV 규제 강화를 필두로 한 한도 규제입니다. 신 DTI나 DSR 강화로 이제는 갚을 수 있는 빚인데도 빌리지 못해 아예 서울 같은 규제지역에서는 아파트를 구입하지 못할 것처럼 호도되는 경우가 안타깝게도 많았습니다. 하지만 서울과 경기도 일부 지역, 세종특별자치시의 LTV가 2017년 6·19 대책과 8·2 대책으로 기존 70%에서 40~60% 수준으로 강화된 점을 제외하면 무주택자가 내 집을 마련하거나 1주택자가 새로운 1주택을 마련하는 데 악영향을 주는 규제는 없었습니다. 서울 등 강한 규제지역의 LTV가 40%로 강화됐지만 디딤돌대출을 이용하면 이 지역에서도 아파트 가격의 70%까지 주택담보대출을 받을 수 있습니다. 연봉 7,000만 원 이하 보금자리론 이용자 중 5억 원 이하 아파트 구입자도 LTV가 40%에서 70%로 올라갑니다. 2018년 9·13 대책으로 주택수를 한 채에서 두 채 이상으로 늘릴 목적으로 서울, 분당 등 규제지역에서 주택담보대출을 추가로 받는 게 제한되는 등 다주택자들의 대출 문턱은 높아졌지만 실수요자들에게는 영향이 없습니다. 일부 지역에 대한 LTV 강화를 제외한 모든 조치는 오히려 '실수요자 전성시대'를 위한 조치로 볼 수 있습니다. DTI는 40%까지 강화됐지만 이는 선진국의 통상적인 규제 수준으로, 이를 넘어서는 대출은 일부 고소득자를 제외하면 애당초 바람직하지도 않았습니다. 오히려 갚을 수 있는 대출을 강제하는 안전장치가 마련됐다고 긍정적으로 생각할 대목입니다.

2018년 10월 18일 금융위원회가 발표한 'DSR 관리지표 도입방안' 역시 다수의 주택담보대출과 신용대출 등 모든 대출의 상환능력을 따지는 DSR을 전면 도입해 갚을 수 없는 빚에 제동을 걸기 위한 좋은 규제입니다. 빚을 내 두 채 이상을 구입할 요량이 아니라면 신경쓸 이유가 없는 규제입니다. 2018년 12월 6일 더불어민주당과 자유한국당 합의에 따라 향후 집값 상승에 따라 종합부동산세를 낼 수도 있는 다주택자가 아닌 고가 아파트 보유자의 세액공제율 상한이 기존 40%(10년 이상 보유)에서 50%(15년 이상 보유)로 확대됩니다. 이튿날인 12월 7일 발표된 주택청약제도 개선방안(9·13 대책의 후속조치)으로 추첨제 대상 주택의 75%가 무주택자에게 우선적으로 공급됩니다. 기존의 1주택자가 규제지역 아파트 분양을 받을 기회는 여전합니다. 전용면적 85m² 초과 아파트의 경우 추첨제 물량의 25% 범위에

## 부동산·가계부채 대책 주요 내용

| 대책 발표일 | 주요 내용 |
|---|---|
| 2015년 7월 22일<br>(가계부채 종합관리방안) | 신규 구입용 주택담보대출 원금 분할상환 의무화<br>(여신심사 선진화 가이드라인 로드맵 발표) |
| 2016년 6월 28일<br>(2016년 하반기 경제정책 방향) | 9억 원 초과 분양 아파트 대상<br>주택도시 보증·중도금 보증 중단 |
| 2016년 8월 25일<br>(가계부채 종합관리방안) | 중도금 부분보증(100%→90%) |
| 2016년 11월 3일<br>(주택시장의 안정적 관리방안) | 서울, 과천 등 청약조정대상지역<br>37곳 지정 및 전매제한 강화 |
| 2016년 11월 24일<br>(8·25 가계부채 관리방안 후속조치) | 분양 아파트 잔금대출 분할상환 의무화 도입 |
| 2017년 6월 19일<br>(주택시장 선별적·맞춤형 대응방안) | 청약조정대상지역 확대: 37곳→40곳<br>LTV(70%→60%), DTI(60%→50%) 강화<br>전매제한 강화 |
| | 분양 아파트 잔금대출 DTI 적용 의무화 도입 |
| 2017년 8월 2일<br>(주택시장 안정화 방안) | 서울, 과천, 세종 등 투기과열지구 지정<br>LTV(60%→40%), DTI(50%→40%) 강화 |
| | 청약조정대상지역 1주택자 비과세 요건에<br>거주 요건 추가 |
| | 분양권 전매 시 양도소득세 강화(50%) |
| 2017년 10월 24일<br>(가계부채 종합관리방안) | 다주택자 DTI 심사 때 기존 주택대출 원금 반영 |
| 2018년 9월 13일<br>(주택시장 안정대책) | 다주택자 추가 주택담보대출 금지<br>비거주 목적 고가주택 구입에 주담대 금지<br>일시적 2주택자, 양도세 비과세 기준 강화 |
| 2018년 10월 18일<br>(DSR 관리지표 도입방안) | 다수의 주택담보대출과 신용대출 등<br>모든 대출의 상환능력을 따지는 DSR 전면 도입 |
| 2018년 12월 7일<br>(9·13 후속 청약제도 개선방안) | 민영주택 추첨제 공급 때 무주택자 우선공급<br>(추첨제 대상 주택의 75% 이상) |

서 기회가 있기 때문입니다.

규제는 '넘어서지 말라'는 제약선이기도 하지만, '여기까진 괜찮다'는 허용선이기도 합니다. 무주택 실수요자는 손으로 '규제'라고 쓰더라도 입으로는 '가능성'이라고 읽어야 합니다.

# 집 없는 김대리에게
# 인서울 기회가 왔다

**초판 1쇄** 2019년 1월 20일

**지은이** 정석우
**펴낸이** 전호림
**책임편집** 권병규
**디자인** 제이알컴
**마케팅** 박종욱 김혜원

**펴낸곳** 매경출판㈜
**등 록** 2003년 4월 24일(No. 2-3759)
**주 소** (04557) 서울시 중구 충무로 2 (필동1가) 매일경제 별관 2층 매경출판㈜
**홈페이지** www.mkbook.co.kr
**전 화** 02)2000-2631(기획편집) 02)2000-2645(마케팅) 02)2000-2606(구입 문의)
**팩 스** 02)2000-2609 **이메일** publish@mk.co.kr
**인쇄·제본** ㈜ M-print 031)8071-0961
**ISBN** 979-11-5542-949-5 03320

이 도서의 국립중앙도서관 출판예정도서목록(CIP)은 서지정보유통지원시스템 홈페이지(http://seoji.nl.go.kr)와 국가자료공동목록시스템(http://www.nl.go.kr/kolisnet)에서 이용하실 수 있습니다. (CIP제어번호: CIP2018041918 )